Tod einer Prinzessin

Ostfrieslandkrimi von Moa Graven

Impressum
Tod einer Prinzessin
***Kommissar Guntram Krimi-Reihe* - Band 11**
Ostfrieslandkrimi von Moa Graven
Alle Rechte am Werk liegen bei der Autorin
Erschienen im Criminal-kick-Verlag (Ostfriesland)
Juli 2017
ISBN 978-3-946868-12-5
Umschlaggestaltung: Moa Graven

Zum Inhalt

Die Welt ist für Kommissar Guntram in Ordnung. Seine Beziehung zu Katrin Birgner hat sich verfestigt und unbemerkt schlüpft er in die Rolle des wichtigsten Mannes für ihre Tochter Sarah.

An einem Sonntagmorgen, der eigentlich gemütlich und entspannt werden sollte, wird das Team um Kommissar Guntram zum Spielplatz am Stephanring in Leer gerufen. Auf der Schaukel sitzt ein totes Mädchen in einem rosa Ballerinakleid. Es ist Antje, eine Zwölfjährige, die mit ihren Eltern in Block 9 gewohnt hat. Sie wurde erstickt und dann offensichtlich auf die Schaukel gesetzt. Wer macht so etwas? Steckt Kindesmissbrauch dahinter? Denn das rosa Kleid gehörte nicht ihr. Der Täter muss es ihr angezogen haben. Schnell gerät Benjamin Feldmann, ein vorbestrafter Pädophiler ins Visier der Ermittler.

Angekommen

Als Jochen Guntram aufwachte fühlte er die Wärme, die von der anderen Seite des Bettes ausging. In diesem Moment hätte er weinen mögen. Es war so viel passiert in den letzten Jahren. Seine Frau war gestorben und besonders seine Kinder hatten daran schwer zu tragen gehabt.

Doch er wollte jetzt nicht mehr zurückblicken. Er hatte viele Fehler gemacht, aber jetzt musste er der Zukunft mit Katrin eine Chance geben.

Er spürte, wie eine Hand nach ihm greifen wollte. Sarah. Die Kleine konnte jetzt gut auf ihren eigenen Beinchen stehen und rannte schon frühmorgens durch das Haus wie ein kleiner Wirbelwind.

»Sarah, es ist noch so früh«, murmelte Katrin auf der anderen Seite des Bettes.

»Schon gut«, sagte Guntram, »ich gehe mit ihr nach unten, dann kannst du noch ein wenig schlafen.«

»Oh, das wäre nett«, sagte Katrin dankbar. Sie hatte gestern Abend eine fürchterliche Migräne bekommen, die erst in der Nacht abgeklungen war.

Guntram stieg aus dem Bett und Sarah zog ihn an der Hand mit sich.

»Kakao«, rief die Kleine fröhlich, als sie die Treppe heruntertorkelte, während er sie festhielt, damit sie nicht stürzte.

»Aber sicher«, brummte Guntram, »jetzt gibt es Kakao.«

Hätte ihn vor einem Jahr jemand gefragt, ob er sich vorstellen könnte, mit einem kleinen Mädchen in seinem Haus die Treppe an einem Sonntag herunterzuwackeln, er hätte ihn für verrückt erklärt.

Doch das jetzt war ein verdammt schönes Gefühl.

Er mixte Sarah einen Kakao genau nach ihren Wünschen. Sie wollte immer einen Daumen und zweimal Zeigefinger in ihrem Becher haben, der bis knapp unter den Rand mit Milch gefüllt sein musste. Sie war genauso hartnäckig wie ihre Mutter, dachte Guntram, als er dem kleinen Mund dabei zusah, wie um ihn herum der Schokoladenrand immer breiter wurde, als sie in großen Schlucken trank und hinterher Schmatzgeräusche von sich gab.

Meistens brauchte sie gar nicht mehr fürs erste Frühstück. Er wischte ihr den Mund mit einem Papiertaschentuch ab und sie krabbelte im nächsten

Moment schon über den Teppich im Wohnzimmer und spielte mit ihrer neuen Puppe.

Er sah ihr kurz zu und dann ging er an seiner Plattensammlung vorbei, die er nicht hatte entsorgen können, als er das Haus im Frühjahr renoviert hatte. Jetzt war er froh darüber und zog die LP mit den größten Hits von *Karat* heraus. Es kamen so viele Erinnerungen hoch. Und das ließ sich auch wohl nicht abschalten.

Wie war es nur so weit gekommen, dass aus ihm, der am Anfang seiner Polizeikarriere so voller Elan gewesen war, plötzlich ein beinahe dem Alkohol verfallener alter Sack geworden war? Und schon wieder erwischte er sich dabei, zurückzusehen.

Sarah zog der Puppe, die seiner Meinung nach eher einem Alien glich, an den Haaren, weil diese offensichtlich keinen Kakao trinken wollte.

Er setzte sich jetzt ins Sofa und sah der Kleinen dabei zu, wie sie die Puppe maßregelte.

»Muss denn die Puppe Kakao trinken, wenn sie gar keinen mag?«, fragte er vorsichtig.

Das Mädchen sah sich um und runzelte die Stirn. »Gesund, sagt Mama.«

Tja, das kam dabei heraus, wenn man Kindern etwas einredete. Sie wurden zu Tyrannen.

»Gesund ist der Kakao, da hat deine Mama natürlich recht«, sagte er diplomatisch. »Aber was ist, wenn die Puppe keinen Kakao mag? Wenn er ihr einfach nicht schmeckt.« Er verzog demonstrativ das Gesicht, damit die Kleine ihm folgen konnte.

Sie sah ihn mit großen Augen an und auch ihr Blick sah jetzt regelrecht angewidert aus, als sie die Worte »Kakao gesund« aussprach. »Aber Puppe sagt bah.«

»Genau«, stimmte Guntram zu. »Puppe sagt bah.«

»Kakao bah«, stimmte Sarah jetzt zu und schob den Plastikbecher, der das Getränk für die Puppe symbolisch beinhaltete, von sich.

Na, wie soll ich das bloß Katrin erklären, dachte Guntram und seufzte auf. Er hatte soeben all ihre Erziehungsbestrebungen für einen Hang zur gesunden Ernährung mit einem einzigen Satz zunichtegemacht. Kinder nahmen schnell auf und vor allen Dingen an, wenn sich etwas veränderte oder sie dazulernten.

Er hörte, wie Katrin oben ins Badezimmer ging. Dann konnte er gleich auch endlich duschen. Sie hatten für heute nichts Besonderes geplant. Vielleicht würde Tina am Nachmittag auf einen Kaffee vorbeischauen. Sie hatte es erstaunlich gut aufgenommen, dass ihr Vater und seine Kollegin jetzt ein Paar waren. Tina ist einfach erwachsen geworden, hatte Katrin gemeint, als er das Thema mit ihr besprach.

Sarah hatte die Puppe jetzt achtlos auf dem Teppich liegen lassen und kümmerte sich um ihren Teddy, dem sie gar nicht erst gesunden Kakao anbot. Vielmehr flüsterte sie ihm ständig etwas in sein plüschiges Ohr, das Guntram nicht verstehen konnte. In dem Alter schon Geheimnisse, dachte er amüsiert. Sie würde genauso werden wie ihre Mutter.

Während er darauf wartete, dass Katrin oben fertig wurde und nach unten kam, deckte er in der Küche schon mal den Tisch für das Frühstück. Das hatte er früher nie getan. Immer wieder kamen die alten Gedankenfetzen hoch, Vergleiche und Schuldgefühle. War es vielleicht doch nicht so optimal, dass er noch in seinem alten Haus lebte? Katrin hatte bisher nicht davon gesprochen, dass sie komplett hier einziehen würde. Mehrmals die Woche übernachtete sie in ihrer eigenen Wohnung. Sie bestand darauf, weil sie ihren eigenen Horizont nicht verlieren wollte, hatte sie gesagt.

Wer weiß, wie sich alles weiter entwickelt, dachte er und befüllte die Kaffeemaschine.

Dann kam Katrin die Treppe herunter und brachte auch Whisky im Schlepptau mit. Der Hund hatte es sich angewöhnt, nicht vor Katrin nach unten zu kommen, wenn sie hier schlief.

»Guten Morgen, Jochen«, sagte sie und drückte ihm einen flüchtigen Kuss auf die Wange. »Wo ist Sarah?«
»Morgen. Die Kleine spielt im Wohnzimmer.«
Das Mädchen hatte ihre Mutter gehört und kam jetzt in die Küche gelaufen. »Kakao bah ... Kakao bah ...«, rief sie laut und Guntram schwante Böses.
Katrin runzelte die Stirn. »Was ist hier gelaufen, als ich noch oben war?«, fragte sie und machte ein strenges Gesicht.
Guntram zuckte die Schultern. »Ich hab keine Ahnung«, sagte er und schlich die Treppe nach oben ins Badezimmer.
Als das warme Wasser über seinen Rücken lief, entspannte er sich augenblicklich.
Er zog sich anschließend den dunkelblauen Jogginganzug an und lief nach unten, wo Katrin schon auf ihn wartete.
Sie schenkte Kaffee ein und schob ihm ein fertiges Käsebrötchen rüber.
»Hier, das ist gesünder als Wurst«, sagte sie und grinste.
Er wusste, dass es nicht böse gemeint war.

Er aß und las im *SonntagsReport* auf Seite 1, dass in einem Dorf Bäume gefällt worden waren und die Anwohner sich darüber echauffierten. Jedem seine kleine Welt, dachte er und blätterte weiter.

»Haben wir heute etwas Besonderes vor?«, fragte Katrin und legte die andere Wochenzeitung beiseite. Sie interessierte sich nicht für den Kleinkram in der Umgebung, wie sie es nannte.
»Eigentlich nicht«, sagte Guntram und sah von der Zeitung auf. »Vielleicht kommt Tina nachher noch. Aber sonst ...«.
»Dann könnten wir doch gleich mit Sarah einen Spaziergang im Westerhammrich machen. Whisky sitzt doch auch schon auf Kohlen.«
Der Hund spitzte bei der Erwähnung seines Namens die Ohren und wedelte mit dem Hinterteil. Guntram sah an den Resten auf dem Boden, dass er seine ungesunde Wurst verdrückt hatte.

Als sie fertig waren, packte Katrin die kleine Sarah in eine dicke Daunenjacke und bald darauf saßen alle im Wagen.
Nach guten zehn Minuten kamen sie auf dem Parkplatz bei der Kleingartenkolonie an.

Whisky sprang aus dem Wagen und Katrin klappte den Buggy für Sarah auseinander.

»Schon komisch, dass wir jetzt hier zusammen spazieren gehen«, murmelte Katrin und ließ ihren Blick schweifen. »Weißt du noch, als wir Whisky hier in einer der Hütten gefunden haben?«

Guntram räusperte sich. »Klar weiß ich das noch ...«. Damals hatte ich auch immer einen Kurzen im Wagen, fügte er in Gedanken hinzu. Das hatte sich geändert. Neben vielen anderen Dingen.

Sie liefen los und Whisky hatte bereits die erste Regenpfütze entdeckt und wälzte sich darin.

»Dass er aber auch nie damit aufhört«, seufzte Katrin. »Der bringt uns wieder jede Menge Dreck ins Haus.«

»Ja, manche Dinge ändern sich nie«, murmelte Guntram und schob den Kragen seiner Jacke hoch. Er wusste nicht warum, doch plötzlich fröstelte es ihn im Nacken. Es war jetzt Mitte Oktober und es hatte sogar schon erste Bodenfröste gegeben. Wenn das so weiterging, dann bekämen sie einen frühen Winter.

Sie waren eine Weile schweigend gelaufen und Katrin hatte Sarah immer wieder auf den Arm genommen, weil sie nicht in dem Buggy sitzen wollte.

»Gib sie mir«, sagte Guntram jetzt und setzte sich die Kleine auf seine Schultern. Das hatte den angenehmen Nebeneffekt, dass jetzt auch sein Hinterkopf vor dem kalten Wind geschützt war und Sarah war zufrieden und kreischte vor Freude.

»Mein Handy«, sagte Katrin und nahm das Gerät aus ihrer Jackentasche und meldete sich.

Sie hörte eine Weile zu und sagte dann: »Okay, wir sind gleich da.«

Der Spielplatz

Petra war an diesem Morgen verkatert. Deshalb reagierte sie auch besonders aggressiv, als Tomke an ihrem Arm zog.

»Geh weg«, blaffte sie die Kleine an, die erschrocken zurückwich. »Geh in die Küche und guck, was Hanno macht.«

Die Kleine zog ab und ging wieder ins Wohnzimmer, wo ihr großer Bruder vor dem Fernseher saß und mit seiner Playstation spielte.

»Was willst du?«, fragte Hanno, der gerade ein Inferno über einer Art Wüste entlud.

»Ich hab Hunger«, sagte Tomke.

»Dann weck Mama auf.«

»Sie hat gesagt, du machst mir heute was zu essen.«

»So 'n Quatsch. Und jetzt verzieh dich und mach dir selber was. Du weißt doch, wo die Cornflakes stehen, blöde Kuh.«

Er starrte weiter auf den Bildschirm, wo gerade Arme und Beine durch die Luft flogen.

Tomke war fünf Jahre alt und natürlich wusste sie, wo alles stand. Sie mochte die Sonntage nicht. Da konnte sie nicht in den Kindergarten. Dort war immer alles so schön, wenn alle gemeinsam frühstückten. Meistens hatte sie selber nichts dabei. Doch es gab da eine Frau, die ihr immer heimlich etwas zusteckte, damit Tomke nicht mit leeren Händen dastand. Oft beneidete sie die anderen Kinder, die ihre bunten Brotdosen voll mit leckerem Weißbrot mit Nutella auspackten. So etwas hatte sie noch nie gehabt.

Mama sagte immer, dass an allem Papa schuld sei, weil er abgehauen war.

Tomke liebte ihren Papa aber und saß oft am Fenster und hielt nach ihm Ausschau. Jetzt war er allerdings schon ein paar Sonntage nicht mehr aufgetaucht.

Sie machte sich eine Schale Cornflakes und setzte sich damit auf die Bank vor dem Fenster. Darunter war auch die Heizung und es war schön warm. Wenn sie gegen das Fenster blies, beschlug die Scheibe. Es regnete leicht und Tomke sah den Wassertropfen dabei zu, wie sie an der Scheibe langsam nach unten glitten.

Auf dem Spielplatz unten war noch niemand zu sehen. Meistens kamen da um die Mittagszeit die ersten Kinder, mit denen sie spielen konnte. Tomke ging schon alleine nach unten, seitdem sie laufen konnte. Mama war noch nie mitgegangen. Andere Mütter saßen oft dabei, wenn ihre Kinder spielten. Als Tomke mal gefragt hatte, warum Petra nicht mitging, da hatte diese nur gemeint, dass sie nun wirklich Besseres zu tun hätte, als draußen auf dem Spielplatz rumzuhängen. Als Tomke dann Hanno gefragt hatte, ob er mitginge, hatte dieser nur ein langes Gesicht gemacht und war in seinem Zimmer verschwunden.

So war es zuhause bei Tomke. Und das Mädchen hatte gelernt, sich alleine die Zeit zu vertreiben. Manchmal malte sie große bunte Bilder mit ganzen Familien. Alle waren fröhlich und die Sonne schien auf sie.

Auf jedem Bild gab es auch einen Hund. Tomke wünschte sich so sehr einen, seitdem sie den Hund von ihrer Freundin aus dem Nachbarblock gesehen hatte. Doch Petra hatte nur gesagt, dass Hunde Dreck machten, den sie dann wieder wegkehren dürfte. Nein danke. Damit war das Thema Hund erledigt gewesen.

Und so löffelte Tomke einsam ihre Cornflakes und fuhr mit den Fingern an der beschlagenen Scheibe entlang. Der Regen war noch stärker geworden. Wahrscheinlich dürfte sie heute gar nicht raus. Sie wischte jetzt mit der ganzen Hand über die Schreibe und plötzlich sah sie etwas Rosafarbenes auf der Schaukel. Vielleicht hatte ein anderes Kind seine Jacke da draußen vergessen. Tomke war das auch schon einmal passiert und Petra hatte ihr eine Ohrfeige gegeben und sie wieder nach unten geschickt. Hoffentlich bekam das Kind keinen Ärger, dachte Tomke und überlegte, ob sie jemanden kannte, der so eine rosa Jacke hatte. Sie konnte sich an keinen erinnern.

Die Schaukel, auf der die Jacke lag, wurde leicht vom Wind hin und her bewegt. Und dann sah Tomke ein Gesicht. Da war ein Mädchen. Sie wischte noch einmal über die Scheibe. War da wirklich ein Mädchen? Aber wer saß denn da jetzt mitten im Regen auf der Schaukel. Tomke kniff die Augen zusammen und machte sie wieder auf, um sich zu vergewissern, dass sie auch wirklich richtig hingesehen hatte. Bei dem Regen sah man ja manchmal Dinge, die gar nicht da waren. Besonders Tomke geschah das oft, weil sie eine blühende Phantasie hatte, wie die Frau im Kindergarten immer wieder betonte.

Als sie das einmal Petras Mutter erzählt hatte, hatte diese nur gesagt, sie sollten der Kleinen bloß nicht so viel Blödsinn erzählen. Die Gören machten auch so schon genug Ärger.

Tomke war jetzt neugierig geworden und stellte die halbvolle Schale Cornflakes auf den Tisch und kletterte vom Sofa. Als sie zu ihrem Zimmer ging, sah sie, dass Hanno noch immer auf den Bildschirm starrte. Durch die offene Tür zum Schlafzimmer strömte ein merkwürdiger Geruch in den Flur, den Tomke schon als Baby kannte. Schnaps und Zigaretten, hatte Hanno einmal erklärt.

Mama braucht das. Petra lag noch immer im Bett und hatte sich ein Kissen über den Kopf gezogen.

Tomke ging in ihr Zimmer und zog sich jetzt auch die Hose zu ihrem roten Jogginganzug an. Dann stieg sie in die Gummistiefel, zog sich ihren viel zu klein gewordenen Anorak über und ging unbemerkt auf den Flur. Sie trug ihren Schlüssel zum Hauseingang, der auch für die Wohnung passte, immer um den Hals, seitdem sie zwei geworden war.

Vier Treppen stieg sie nach unten, ohne dass sie jemandem im Hausflur begegnet wäre. Manchmal, wenn sie etwas lauter dabei war, dann machte die Frau im Erdgeschoss mit bösem Blick die Tür auf, weil sie sich gestört fühlte. Doch heute war Tomke ganz leise. Niemand bekam mit, wie kurz darauf die Tür von Block 7 b hinter ihr ins Schloss fiel.

Im Einsatz

»Jemand hat ein totes Kind gemeldet«, sagte Katrin, als sie das Handy wieder wegsteckte.

»Ein Kind? Wo?«, fragte Guntram und ließ Sarah wieder von den Schultern.

»Auf dem Spielplatz am Stephanring. Wir müssen sofort dahin. Mathias ist schon vor Ort.«

»Okay. Wir können direkt dahinfahren.«

»Und Sarah?«

»Ja, stimmt. Was machen wir mit Sarah? Kann sie nicht so lange mit Whisky im Wagen bleiben?«

»Spinnst du!«

»Ich könnte euch zu deiner Wohnung fahren«, schlug Guntram vor.

»Das hilft uns auch nicht weiter. Ich will doch auch zum Tatort.«

»Tina«, fiel Guntram plötzlich ein. »Sie kann bestimmt für ein oder zwei Stunden auf Sarah aufpassen. Ich kann sie gleich mal anrufen, wenn du einverstanden bist.«

Katrin sah verzweifelt aus, fand er. Wäre es denn wirklich so schlimm gewesen, wenn sie erst später zum Tatort gekommen wäre? Doch er sagte lieber nichts, bevor er sich noch eine schnippische Antwort einfing.

»Na gut«, sagte sie schließlich, »wenn du meinst, dass das geht ...«.

Sie machten sich schon mal auf den Weg zum Wagen, während Guntram bei Tina anrief. Er erklärte kurz, was passiert war und warum er sie anrief.

»Sie macht es«, sagte er schließlich, als er auflegte. »Wir können Sarah direkt zu ihr in die Wohnung bringen. So verlieren wir am wenigsten Zeit.«

»Ich benehme mich wie ein kleines Kind, richtig?«

»Wie?« Guntram schloss den Wagen auf und ließ Whisky reinklettern.

»Ach, schon gut. Ich seh doch genau, was du denkst.«

Katrin setzte Sarah in den Kindersitz und klappte den Buggy zusammen.

Guntram startete den Wagen und fuhr Richtung Altstadt.

»Es ist doch wirklich alles kein Problem«, sagte er schließlich. »Bleibt doch alles in der Familie.«

Katrin sah ihn abrupt von der Seite an und er wappnete sich innerlich gegen einen neuen Ausbruch. Dann lachte sie.

»Du bist ein echter Blödmann.«

»Blödmann ... Blödmann ... Blödmann«, kam es vom Rücksitz.

»Diesmal habe aber nicht ich ihr das beigebracht«, mahnte Guntram und sah Katrin triumphierend von der Seite an.

»Das Nächste, was sie sagen wird, ist Mord und Totschlag«, flüsterte Katrin, so dass das Mädchen es nicht hören konnte.

»Lässt sich in so einer Konstellation wohl nicht verhindern«, meinte Guntram und parkte kurz darauf den Wagen vor dem Haus von Frau Haubrich.

Tina stand bereits unten in der Tür, weil sie auf sie wartete.

»Echt super von dir, Tina«, sagte Katrin, als sie ausstieg.

»Ach, kein Problem. Und es gibt tatsächlich ein totes Mädchen auf einem Spielplatz?«, fragte sie.

»Ja, sieht so aus«, antwortete Guntram und nahm seine Tochter flüchtig in den Arm. »Wir halten dich auf dem Laufenden. Mathias ist auch schon am Tatort. Sobald wir können, kommen wir und holen Sarah wieder ab.«

»Sie brauchen sich nicht zu beeilen.« Jetzt stand auch Frau Haubrich draußen und hielt Sarah bereits einen Keks entgeben. »Die Kleine ist gut bei uns aufgehoben, nicht wahr, Tina?«

Tina verdrehte heimlich die Augen. Doch insgeheim mochte sie die alte Dame sehr.

»Dann los«, sagte Guntram und Katrin folgte ihm zum Wagen, nachdem sie Sarah noch einen dicken Kuss auf die Stirn gegeben hatte.

Es dauerte nur ein paar Minuten, bis sie in den Stephanring einbogen. Am Ende der Straße, die in einer Sackgasse mündete, standen die anderen Wagen des Einsatzteams und der Sanitäter.

Es hatte aufgehört zu regnen, und so kamen auch bereits die ersten Schaulustigen aus den umliegenden Blockwohnungen rund um den Spielplatz.

Schon als sie ausstiegen, sahen sie das Mädchen in dem rosa Kleid auf der Schaukel.

»Mein Gott, sie ist noch so jung«, sagte Katrin.

»Sie ist noch ein Kind«, erwiderte Guntram.

Als Mathias Sanders sie beide sah, kam er auf sie zugelaufen.

»He, gut, dass ihr kommt.«

»Hallo Mathias«, sagten Katrin und Guntram wie aus einem Mund.

Die Situation hatte etwas Komisches, worauf aber keiner von ihnen näher einging.

Gerichtsmediziner Karl-Heinz Piepwitz war bereits mit der Sachstandsaufnahme beschäftigt.

»Hat er schon was rausgefunden?«, fragte Guntram und deutete in seine Richtung.

»Na ja, ein junges Mädchen eben«, antwortete Mathias. »Eigentlich noch ein Kind, sie ist zwölf Jahre alt. Ein Nachbar, der seinen Hund Gassi geführt hat, hat sie hier auf dem Spielplatz entdeckt.«

»Und er hat die Polizei gerufen, nehme ich an«, folgerte Guntram.

Mathias nickte.

Sie gingen jetzt zu dritt zu Piepwitz.

»Moin zusammen«, sagte der Gerichtsmediziner, als sie bei ihm ankamen.

»Ja, Moin«, entgegnete Guntram und Katrin nickte dazu. »Schöne Scheiße, ein totes Kind. Weißt du schon Näheres?«

»Ich fang auch grad erst an«, entgegnete Piepwitz. »Aber äußerlich kann ich keine Verletzungen feststellen. »Derjenige, der sie hier auf die Schaukel gesetzt hat, war darauf bedacht, dass sie nicht runterfällt.«

Guntram runzelte die Stirn. »Wie meinst du das? Ist sie festgebunden?«

»Nicht ganz. Aber unter der Schaukel ist eine Kiste. Eigentlich sitzt sie praktisch auf der. Und von den Seilen der Schaukel wird sie am Oberkörper gehalten.«

»Da hätte doch nur ein bisschen mehr Wind aufkommen müssen, dann wäre sie runtergefallen«, meinte Guntram.

»Ja, da hast du wohl recht. Vielleicht hat der Täter den Wetterbericht gesehen und war deshalb optimistisch. Für heute war nur leichter Regen gemeldet, aber kein Hurrikane.«

Guntram ließ den Gerichtsmediziner weiter seine Arbeit machen und nahm die Situation am Tatort in sich auf.

Das Mädchen hieß Antje Weber, das hatte er schon von Mathias erfahren. Sie war zwölf Jahre und wohnte in Block nur 9 im zweiten Stock mit ihren Eltern Rainer und Marion. Sie war Einzelkind.

Das rosa Kleid, das das Mädchen trug, erinnerte an eine Primaballerina. Es war vom Regen klamm und hing schlapp an dem schmalen Mädchenkörper herunter. Das Gesicht des Kindes war rund und leicht gebräunt. Sicher ein Überbleibsel des letzten Sommers. Die Augen waren geschlossen und so hatte man den Eindruck, das Mädchen schliefe nur. Die aschblonden schulterlangen Haare klebten ihm am Kopf.

Wenn man das Szenario aus seiner Perspektive war, so konnte man die Kiste, die Piepwitz eben erwähnt hatte, nur erahnen. Das Mädchen saß da, als sei es von einem Kostümball gekommen und dann auf der Schaukel eingeschlafen vor lauter Erschöpfung. Der Kopf lehnte an einer Seite an dem dicken Tau und man war versucht, das Mädchen an der Schulter zu tippen und ihr zu sagen, komm, wach auf. Hast du nicht gemerkt, dass es angefangen hat zu regnen? Doch sie würde nie wieder aufwachen. Soviel stand fest.

Katrin war um den Spielplatz herumgegangen, um nach Spuren Ausschau zu halten.

»Wer bist du denn?«, fragte sie jetzt das kleine Mädchen, das auf einer Bank, die etwas abseits des Spielplatzes stand, saß.

»Ich bin Tomke«, antwortete die Kleine.

Wieso kümmerte sich denn niemand um das Kind hier?, fragte sich Katrin.

»Bist du die Schwester von Antje?«

Das Mädchen schüttelte heftig den Kopf. »Nein, ich haben einen Bruder, der heißt Hanno.«

»Ah ja«, sagte Katrin erleichtert. »Und wo ist deine Mama?«

»Sie schläft noch.«

»Und dann sitzt du ganz alleine hier?«

»Mama kommt nie mit raus«, sagte Tomke. »Aber ich bin ja auch schon groß und kann alleine gehen.«

»Sicher.« Katrin brach es fast das Herz. So klein und schon so abgeklärt. »Wo wohnst du denn?«

»Da«, das Mädchen zeigte in die Richtung von Block 7.

Katrin sah hinüber und schätzte grob, dass mindestens hundert Fenster mit Blick auf den Hof lagen. Irgendjemand musste einfach gesehen haben, wer Antje dort auf die Schaukel gesetzt hatte.

Und auch jetzt machte sie eine Reihe Gesichter hinter den Fenstern aus, die alle gespannt auf den Spielplatz starrten. Vielleicht war sogar Tomkes Mutter darunter und war nur zu faul, um nach unten zu kommen und ihre Tochter ins Haus zu holen.

Und auch die Wohnung von Antjes Eltern lag mit zwei Fenstern in diese Richtung. Ob auch sie jetzt zusahen, wie man ihre tote Tochter untersuchte? Eine grausame Vorstellung.

»Komm«, sagte Katrin zu Tomke und hielt ihr eine Hand entgegen. »Ich bringe dich rein zu deiner Mama. Deine Jacke ist ja auch schon ganz nass, dir ist sicher kalt.«

Das Mädchen gab Katrin eine Hand und rutschte von der Bank.

»Warst du denn schon draußen, als die Polizei kam?«, fragte Katrin.

»Ja«, antwortete Tomke.

»Und du hast bestimmt auch das Mädchen auf der Schaukel gesehen, oder?«

»Ja. Schon oben aus dem Fenster.«

Und trotzdem war sie rausgegangen und hatte sich dann auf die Bank gesetzt? Katrin fand das Verhalten dieses Kindes eindeutig merkwürdig.

»Bist du denn auch zu dem Mädchen auf der Schaukel gegangen?«

»Ja. Aber sie hat geschlafen. Da habe ich mich auf die Bank gesetzt und gewartet. Dann kamen die Männer.«

Aha, das war es also. Es war ihr nicht unbedingt klar, dass Antje tot war. So sollte es auch erst mal bleiben.

»Du meinst die Polizei?«

»Ja. Das blaue Licht.«

»Und hast du auch den Mann mit dem Hund gesehen?«

Tomke schüttelte mit dem Kopf. »Nein, aber ich will auch einen Hund. Vielleicht kriege ich bald einen.«

Tja, wer weiß, dachte Katrin.

»Ich bringe sie mal nach Hause«, sagte Katrin zu Guntram, als sie in einiger Entfernung auf seiner Höhe war.

Er machte ein verdutztes Gesicht.

»Das erkläre ich dir später«, fügte sie an und ging mit Tomke weiter.

»Antje schläft immer noch«, sagte das Mädchen. »Das ist komisch.«

»Sicher nicht mehr lange«, sagte Katrin. Es widerstrebte ihr, dem Kind jetzt noch weitere Erklärungen zu geben.

Als sie vor dem Eingang zu Block 7 standen, wollte Katrin auf eine Klingel drücken, doch da zog Tomke ihren Schlüssel unter dem Pullover hervor, der an einer roten Schnur hing. Schlüsselkind. Was war das nur für eine Mutter, die ihre kleine Tochter an einem Sonntagmorgen alleine im Regen draußen sitzen ließ? Am liebsten hätte sie Tomke mitgenommen und in ein Heim gebracht. Schlimmer als in so einem zuhause konnte es wirklich nicht mehr werden.

Sie stieg mit dem kleinen Mädchen an der Hand die vier Treppen hinauf und dann schloss Tomke auch die Tür zur Wohnung auf. Ein Wolke aus Qualm kam ihnen entgegen.

»Hallo!«, rief Katrin, »ich bringe Ihre Tochter wieder rein.«

»Wer ist da?« Eine Frau, die nur einen bunten Morgenmantel trug, steckte ihren Kopf in den Flur.

»Mein Name ist Katrin Birgner«, erklärte sie. »Ich habe Ihre Tochter da unten am Spielplatz alleine aufgelesen. Sicher haben Sie schon mitbekommen, was da draußen los ist.«

»Tomke hat bisher noch immer alleine wieder nach Hause gefunden«, sagte die Frau obenhin, die es nicht einmal für nötig befand, ihrer Tochter die nassen Sachen auszuziehen. »Hanno!«, rief sie dann in schrillem Ton.

»Was ist?«, kam es von irgendwoher.

»Hol mal Tomke aus der Küche und zieh ihr die nassen Sachen aus.«

»Warum immer ich?«

»Mach jetzt, sonst ist Schluss mit Play Station.«

Das zog. Nur wenige Augenblicke später stand ein Junge, den Katrin auf etwa elf schätzte, in der Küche und sah von einem zum andern.

»Was will die denn hier?«, fragte er und zeigte auf Katrin.

»Mach jetzt«, wiederholte die Mutter und er verzog sich mit seiner kleinen Schwester, die nur widerwillig mit ihrem Bruder mitging.

Als sie mit der Frau alleine war, ging Katrin zum Küchenfenster.

»Wir haben da unten ein totes Mädchen auf dem Spielplatz entdeckt«, sagte sie. »Haben Sie das denn gar nicht mitbekommen?«

»Ich hab Kopfschmerzen«, sagte die Frau gequält.

Dann hör auf zu rauchen, du Schlampe, und kümmere dich um deine Kinder.

»Aber das Fenster Ihrer Küche hier geht zum Spielplatz raus. Sie müssen etwas gesehen haben.«

»Ich bin doch gerade erst aufgestanden und hab ne Tablette genommen. Langsam geht's wieder.«

Das ist mir ziemlich egal im Moment.

»Bei dem toten Mädchen handelt es sich um Antje Weber, sie wohnt mit ihren Eltern nur zwei Blocks weiter. Kennen Sie die Familie?«

»Man kann hier nicht jeden kennen ...«.

»Danach habe ich nicht gefragt«, sagte Katrin jetzt schon härter.

»Schon gut ... schon gut. Ja, ich kenne die Webers. Nette Leute. Auch die Tochter. Sie ist in der gleichen Klasse wie mein Hanno. Und Antje ist jetzt tot?«

»Ja, das ist sie.«

Die Frau schien erst jetzt wirklich zu begreifen, was geschehen war.

»Das ist ja schrecklich. Was ist denn passiert?«

»Das wissen wir noch nicht. Aber Ihre Tochter saß unten auf der Bank beim Spielplatz. Ich dachte, es ist besser, wenn ich sie reinbringe, bevor sie alles mit ansieht.«

»Ja, das ist gut.«

»Wussten Sie denn gar nicht, dass Tomke draußen ist?«

»Kann sein. Kann auch nicht sein. Die Kleine ist schon ziemlich selbständig.«

Katrin musste an den Schlüssel um den Hals des Kindes denken. Sicher, so etwas hatte es immer schon gegeben. Gerade, wenn beide Elternteile arbeiten mussten, um die Familie durchzubringen. Aber irgendwie sah es hier nicht danach aus.

»Leben Sie alleine mit den Kindern?«, fragte sie dann auch.

»Klar, der blöde Sack hat mich einfach sitzen lassen wegen irgend so einer Schlampe. Das muss man sich mal reinziehen. Ich sitz jetzt mit den Blagen und kann sehen, wie ich die von dem bisschen Hartz IV durchfüttere.«

Na, für die Zigaretten und den Schnaps scheint das Geld ja wenigstens noch zu reichen, dachte Katrin, als sie den vollen Aschenbecher auf dem Küchentisch und die leere Flasche billigen Cognac auf der Spüle stehen sah.

»Gestern war noch Besuch da«, sagte die Frau, die Katrins Blick gefolgt war. »Ist schließlich Wochenende.«

Katrin hatte die Nase voll. Sie notierte sich noch den Namen der Frau und kündigte an, dass sie bestimmt noch einmal wiederkommen würde.

»Zum Kotzen«, sagte sie, als sie wieder bei Guntram auf dem Spielplatz war.

»Was ist los?«, fragte er verdutzt.

»Ach, egal. Wie ist die Lage hier?«

»Keine äußerliche Gewalteinwirkung. Alles andere muss Piepwitz in Oldenburg untersuchen. Er wird sie gleich mitnehmen. Was war das eben für ein Mädchen?«

»Ach, die habe ich da drüben auf der Bank aufgelesen. Sie wohnt in Block 7. Niemand hier scheint von ihr Notiz genommen zu haben, obwohl sie schon die ganze Zeit da gesessen hat.«

»Ach herrje, dann hat sie auch die Tote gesehen.«

»Natürlich. Sogar schon oben vom Fenster aus, wenn ich es richtig verstanden habe. Aber sie ist erst fünf Jahre als, also keine verlässliche Zeugin für uns.«

»Da kann man sich täuschen. In der Regel sind Kinder sogar am Ehrlichsten«, sagte Guntram und sie hätte ihn in diesem Moment dafür küssen können.

Mathias Sanders hatte sich bei den Nachbarn umgehört, doch niemand wollte was gesehen haben. Eine Frau erzählte, dass sie ein kleines Mädchen gesehen hätte, die erst zu der Schaukel zu der Toten gegangen sei und sich dann auf eine Bank gesetzt habe.

»Das war Tomke«, sagte Katrin. »Und sie hat sie einfach da sitzen lassen im Regen. Alle beide. Hast du sie auch danach gefragt, Mathias?«

»Sicher. Sie sagt, sie hätte Rheuma und bei dem Wetter, da täten ihr immer alle Knochen weh.«

»Hast du schon mit dem Mann gesprochen, der uns die Sache gemeldet hat, Jochen?«, fragte Katrin jetzt.

»Nein, aber Mathias.«

Sanders berichtete auch kurz davon. »Der Mann wusste nicht so ganz, was er von der Sache halten sollte«, sagte er. »Doch er dachte, es sei wohl besser, die Polizei zu rufen.«

»Das muss ja eine Gegend sein«, meinte Katrin. »Da sitzt ein Mädchen im Oktober im Regen nur mit einem dünnen Kleid auf einer Schaukel und praktisch niemand kümmert sich darum. Alle gucken zu und sehen dann wieder weg.«

»Das ist wohl typisch bei diesen Blocks«, meinte Guntram. »Wenn man erst mal in einer Sache drinhängt, kommt man so schnell nicht wieder raus, denken die sicher. Besser, man hält den Mund und legt sich einfach aufs Sofa.«

»Tja, so ähnlich sieht es bei der Mutter von Tomke auch aus«, bestätigte Katrin. Sie sah wieder den Aschenbecher und die leere Flasche vor sich. »Sie ist alleinerziehend und hat noch einen Sohn im gleichen Alter wie unser Opfer. Sie waren in einer Schulklasse.«

»Mach du bitte mit den Befragungen weiter«, sagte Guntram zu Mathias. »Ich werde mit Katrin jetzt zu den Eltern gehen, dann kann der Kollege, der jetzt bei ihnen ist, dich bei der Befragung unterstützen.«

»Okay«, sagte Mathias und ging schon weiter zum nächsten Block.

Die Eltern

Gleich nach dem ersten Klingeln wurde die Tür im zweiten Stock in Block 9 geöffnet.

»Kommen Sie herein«, sagte Rainer Weber. Er hatte schon vom Fenster aus gesehen, dass sie die ermittelnden Beamten waren.

»Danke«, sagte Guntram. »Es tut uns sehr leid, was mit Ihrer Tochter passiert ist.«

Sie folgten dem Mann in die Küche, wo eine Frau mit verheulten Augen und einem großen Glas Wasser saß und vor sich hinstarrte.

»Sie hat ein Beruhigungsmittel genommen«, erklärte Rainer Weber.

»Schon gut«, sagte Katrin.

Sie setzten sich mit an den Tisch.

»Uns ist bewusst, wie schrecklich das Ganze für sie beide ist«, begann Katrin, »doch es ist wichtig, dass wir gleich am Anfang alle erdenklichen Möglichkeiten in Betracht ziehen. Deshalb würden wir Ihnen gerne ein paar Fragen stellen, wenn das geht.«

»Sicher«, antwortete Rainer Weber für beide. Seine Frau Marion sah nur apathisch vor sich hin.

»Wann haben Sie Ihre Tochter zum letzten Mal gesehen?«

»Sie meinen, als sie noch lebte?«, fragte die Mutter jetzt geistesgegenwärtig dazwischen.

Katrin nickte.

»Das war gestern Abend«, sagte Rainer Weber. »Antje hat bei einer Freundin übernachtet.«

»In dem Alter?«, fragte Katrin und biss sich hinterher auf die Zunge. Es war nie gut, in so einer sensiblen Situation gleich mit Vorwürfen zu kommen.

»Das war schon in Ordnung«, sagte der Vater. »Es ist eine Schulfreundin, die nur ein paar Straßen weiter wohnt. Die beiden Mädchen wollten heute Morgen zum Gitarrenunterricht der Kirche gehen.«

»Und? Sind sie?«, fragte Guntram, dem sofort der Gedanke kam, dass es vielleicht noch ein totes Mädchen geben könnte.

»Nein«, antwortete der Vater. »Britta, also die Schulfreundin, die hat über Nacht wohl eine Erkältung bekommen. Und so hat Antje ...«, sein Blick wurde einen Moment starr. Es war offensichtlich, dass er versuchte, aufkommende Gefühle und Tränen herunterzuschlucken. »Antje hat sich dann nach dem Frühstück alleine auf den Weg nach Hause gemacht.«

»Woher wissen Sie das?«, hakte Katrin nach.

»Weil die Eltern bei mir angerufen haben«, antwortete Marion Weber.

»Aber sie kam nicht hier an?«

Die Mutter schüttelte den Kopf.

»Nein.«

»Und Sie haben nichts unternommen?«

»Wollen Sie mir jetzt etwa Vorwürfe machen?«, fragte die Frau und wurde von einem Weinkrampf geschüttelt.

Wenn's sein muss.

»Nein, natürlich nicht«, antwortete Katrin. »Ich versuche nur, die letzten ... ich muss verstehen können, was sich zugetragen hat.«

»Sie machen nur ihren Job«, sagte Rainer Weber und tätschelte die Hand seiner Frau.

Katrin registrierte, dass sie diese fast unbemerkt entzog.

»Ich dachte, dass Antje dann doch noch bei Britta geblieben ist«, erklärte die Mutter und wischte sich mit einem Taschentuch übers Gesicht. »Es sind doch keine kleinen Kinder mehr, wo man sofort ...«. Jetzt weinte sie wieder.

Sicher hatte sie recht. Antje war zwölf. Und vielleicht hatte sie tatsächlich entschieden, doch noch bis zum Mittagessen bei ihrer Freundin zu bleiben, auch wenn die Eltern von Britta vorsorglich angerufen hatten, dass Britta erkältet sei. Was bedeutete das schon für junge Mädchen, was ihre Eltern machten oder planten.

»Darf ich mir mal das Zimmer von Antje ansehen?«, fragte Katrin jetzt ruhiger.

Der Vater nickte.

Katrin hatte bei einer Zwölfjährigen sicher so einiges erwartet, aber nicht das. Das ganze Zimmer war praktisch ein Fußballfeld, wenn man so wollte. Die Wände waren mit den Spielern von *Werder Bremen* gepflastert. Auf dem Boden lagen zahlreiche Fußbälle, wobei auf einigen Namen gekritzelt waren.

Am Schrank hing das Trikot einer Mannschaft in Leer. Antje war leidenschaftliche Fußballerin, da gab es keinen Zweifel. Aber wieso hatte sie dann ein rosa Kleid auf der Schaukel getragen? Das passte doch gar nicht zusammen und schon gar nicht zu dem Geschmack des Mädchens. Denn als Katrin den Kleiderschrank öffnete, sah sie nur Jeans und praktische Pullover und Sweatshirts. Antje war nicht der Typ Primaballerina.

Auf ihrem Schreibtisch lagen Schulhefte, Sticker und vieles mehr, was sich eben so ansammelte. Auch ein Foto war dabei, das sie und ihren Vater mit einem Werder-Schal zeigte. Vielleicht waren sie zusammen bei einem Spiel in der Hansestadt gewesen. Antje sah glücklich aus, genau wie ihr Vater. Ein Bild von ihrer Mutter gab es nicht, registrierte Katrin. Sie war wohl ein typisches Papa-Kind gewesen.

In einer Schublade des Schreibtischs lagen achtlos hingeworfene Haarspangen, Gummibänder und ein paar Silberkettchen. Von Schmuck hatte Antje auch nicht viel gehalten.

In Katrin keimte ein Verdacht. Wenn das Kleid, das Antje auf der Schaukel trug, nicht ihres war, hatte es dann ihr Mörder für sie ausgesucht?

Sie nahm ein Foto von der Pinnwand, auf dem Antje noch fröhlich gelächelt hatte. Sie würde Mathias bitten, in der näheren Umgebung zu fragen, ob man sie irgendwo gesehen hatte in den letzten Stunden, die sie noch gelebt hatte.

»Ich muss auch Sie fragen, wo Sie zur fraglichen Zeit gewesen sind«, sagte Guntram gerade, als sie wieder in die Küche kam.

»Wieso wir? Verdächtigen Sie etwa auch uns?«, fragte Marion Weber und sah ihn mit wässrigem Blick an.

»Darum geht es nicht«, fuhr Guntram fort. »Wir müssen jeden fragen. Es ist einfach Routine.«

»Routine«, murmelte die Frau. »Ich war hier in der Wohnung. Den ganzen gestrigen Tag, die Nacht und auch heute Morgen.«

»Gibt es Zeugen?«

Ungläubig starrte sie ihn an.

»Meinen Mann. Wer sollte das denn sonst noch bezeugen können?«

Rainer Weber nickte und sprang seiner Frau jetzt zur Seite.

»Es stimmt, was meine Frau sagt. Wir waren beide hier. Die ganze Zeit. Und bis zum späten gestrigen Nachmittag, da war Antje ja auch ...«. Seine Stimme versagte.

»Wann ist Antje zu ihrer Freundin aufgebrochen?«, fragte Katrin.

»So gegen sechzehn Uhr, würde ich sagen. Da lief das Spiel von Werder in der ersten Halbzeit.«

Das war das Stichwort.

»Ihre Tochter hat auch Fußball gespielt?«

Rainer Webers Augen leuchteten plötzlich. »Ja, sie war wirklich gut. Eigentlich wollte sie das Spiel mit mir zusammen ansehen, doch dann rief Britta an und fragte sie, ob sie nicht zu ihr rüberkommen wollte.«

»Hat Antje in einer Mannschaft gespielt? In Ihrem Zimmer habe ich ein Trikot gesehen.«

Rainer Weber nickte. »Ja, beim SC 04. Sie ist Stürmerin.«

»Dann war sie wohl sehr sportlich«, sagte Guntram.

»Ja, schon immer.«

Katrin hatte sich den Verein notiert. Auch dort würde man sich nach Antje erkundigen.

Sie verabschiedeten sich, nachdem sie sich auch die Schule und die weiteren Namen von Freundinnen von Antje notiert hatten.

»Sie hatten nur diese eine Tochter«, sagte Katrin. »Das ist hart.«

»Meinst du, es wäre einfacher, wenn sie noch ein Kind hätten?«

»Nein sicher nicht. Doch dann hätten sie noch eine Aufgabe.«

»Ja, du hast recht. Sie fallen jetzt ins Bodenlose und wer weiß, ob sie da wieder rauskommen. Bei der Frau habe ich ernste Zweifel.«

»Eine Mutter leidet wohl immer mehr.«

Das mochte stimmen, dachte Guntram. Doch er wollte sich nicht vorstellen, wie es sich anfühlen würde, wenn Tina oder Peter etwas derartiges zustieß.

In der Dienststelle

Eine Stunde später saß Guntram mit Mathias in der Dienststelle und trug die gesammelten Fakten zusammen. Das tote Mädchen war in einem Zinksarg nach Oldenburg in die Gerichtsmedizin gefahren worden, wo Piepwitz sich jetzt mit den näheren Todesumständen befasste. Nach und nach waren dann, als der Leichnam von der Schaukel verschwunden war, auch immer mehr Anwohner nach unten auf den Spielplatz gekommen und unterhielten sich angeregt über das Unfassbare, was Antje zugestoßen war.

Katrin war nur widerwillig zu Frau Haubrich und Tina gefahren, um sich um Sarah zu kümmern. Von unterwegs aus hatte sie noch versucht, ihr Kindermädchen zu erreichen, doch diese war nicht ans Telefon gegangen. Natürlich, es war Sonntag und bestimmt unternahm sie etwas mit ihrem Freund.

Tina war, nachdem Katrin sich noch zu einem Kaffee bei Frau Haubrich hatte überreden lassen, schließlich am Hafen entlang zur Dienststelle gelaufen.

Auf dem Weg dorthin hatte sie sich gefragt, ob sie sich jemals Kinder anschaffen sollte. Und schließlich war sie zu dem Schluss gekommen, dass, egal wie sie sich eines Tages entscheiden würde, jetzt noch jeder Gedanke daran viel zu früh war. Sie hatte ja noch nicht einmal einen festen Freund.

»Hallo«, sagte sie, als sie die Bürotür aufstieß.
»He Tina«, erwiderte Guntram. »Gut, dass du kommst. Aber das hättest du nicht müssen, es ist doch Sonntag.«
»Papa, was hätte ich denn sonst machen sollen? Mich etwa den ganzen Tag von Frau Haubrich mit Kuchen füttern lassen?« Sie grinste.
»Ja, du hast recht. Sie ist eine nette Frau, aber manchmal kann sie einem auch ein wenig auf die Nerven gehen.«
»Ach, schon okay. Sie ist wie eine ...«. Plötzlich stockte sie.

Guntram verstand und reichte ihr den knappen Bericht, den er verfasst hatte.

»Das ist ja schrecklich«, sagte Tina, als sie ihn gelesen hatte. »Ein junges Mächen, wer macht so etwas?«
»Tja«, raunte Guntram. »Das werden wir wohl nie verstehen können. Aber wir müssen es aufklären, das sind wir dem Mädchen schuldig.«
»Sie hat Fußball gespielt«, sagte Tina. »Gar nicht so typisch für ein Mädchen. Und warum trug sie dann ein rosa Ballerinakleid?«

Sie hat den richtigen Riecher, dachte Guntram zufrieden. Ist eben meine Tochter.

»Wir denken, dass der Täter es ihr angezogen hat«, meinte Mathias und mischte sich das erste Mal in die Unterhaltung ein.

»Das wäre wohl logisch«, meinte Tina. »Ich kann mir auch nicht vorstellen, dass ein Mädchen, das Fußball spielt, auch gleichzeitig an der Stange herumtanzt.«

»Du sagst jetzt nichts«, brummte Guntram in Richtung Mathias, dem schon ein fettes Grinsen in den Mundwinkeln hing.

»Lass man, Papa«, lachte Tina. »Ich bin ja auch kein kleines Kind mehr. Aber ich könnte doch mal auf dem Sportplatz vorbeifahren, wo sie gespielt hat. Gerade am Sonntag ist da doch eigentlich immer was los.«

Guntram nickte. »Eine gute Idee. Aber warum wollte denn Antje da heute gar nicht hin?«

»Vielleicht hatten sie heute kein Spiel«, mutmaßte Tina. »Und wenn ich das richtig gelesen habe, dann spielte sie auch noch Gitarre. Die hat wohl wirklich einiges um die Ohren gehabt.«

»Ja, man kann wohl nicht immer Fußball spielen«, stimmte Guntram zu. »Aber wenn du wirklich Lust hast, dann geh doch mal beim Sportplatz vorbei. Gerade dir gegenüber werden die Mädchen sicher gesprächsbereiter sein, schließlich bist du praktisch noch eine von ihnen. Du kannst meinen Wagen nehmen.« Er hielt ihr seine Schlüssel hin.

»Okay, dann bis später«, sagte Tina und verschwand.

»Was denkst du«, sagte Mathias, als er wieder mit Guntram alleine war, »ob wir es mit einem Sexualdelikt zu tun haben?«

»Schon möglich. Sobald Piepwitz sich meldet, wissen wir mehr. Wenn du willst, dann kannst du gehen. Im Moment herrscht noch die Ruhe vor dem Sturm. Ich halte hier die Stellung und sag Bescheid, sobald was reinkommt.«

»Das ist ein Wort.«

So schnell, wie Mathias sich seine Jacke schnappte, konnte Guntram gar nicht gucken.

»Ich warte auf deinen Anruf«, sagte er noch, bevor die Tür zuging.

Guntram lehnte sich auf seinem Stuhl zurück und legte die Füße hoch auf dem Schreibtisch.

Tausend Dinge gingen ihm durch den Kopf. Ob Katrin gleich in die Dienststelle kam, gehörte auch dazu. Sicher würde sie Himmel und Hölle in Bewegung setzen, um jemanden für Sarah zu finden. Er fragte sich, warum sie so ungern in die Mutterrolle schlüpfte. Sicher, die Arbeit als Ermittlerin war wichtig. Doch sollte sie wirklich über der Aufgabe als Mutter stehen? Er würde sich hüten, eine derartige Diskussion mit ihr zu beginnen.

Was zeichnete eine gute Mutter eigentlich aus? Nach dem, was Katrin über die Mutter der kleinen Tomke gesagt hatte, gehörte diese wohl nicht in die Kategorie. Und die Mutter von Antje stand völlig neben sich. Verständlicherweise. Sie hatte ihr einziges Kind verloren. Es stimmte, wenn man sagte, dass Kinder nicht vor den Eltern sterben sollten.

Plötzlich war es ihm eindeutig zu ruhig hier im Büro. Er musste etwas tun. Er setzte sich an seinem Schreibtisch auf und tippte etwas in die Tastatur. Er suchte nach bekannten Fällen von Pädophilie in Leer und der näheren Umgebung. Er war sich sicher, dass es da etwas gab. Doch nicht alle Schweine waren aktenkundig, das war ihm auch klar. Er scrollte sich durch die Namen, die in ähnlicher Sache aufploppten, und blieb an einem Namen hängen. Benjamin Feldmann. Er lebte in einer Blockwohnung in der Evenburgallee, offensichtlich alleine. Er war jetzt dreiunddreißig und hatte seine Strafe wegen Belästigung minderjähriger Mädchen vor gut drei Jahren abgesessen und war seitdem auf freiem Fuß. Belästigung war gut, dachte Guntram. Er hatte versucht, ein elfjähriges

Mädchen zu vergewaltigen. Nur dem beherzten Eingreifen einer Nachbarin war es wohl zu verdanken, dass es nicht bis zum Ende gekommen war, las Guntram in der Ermittlungsakte.

Er passte ins Profil. Wenn nur endlich der Bericht von Piepwitz käme. Doch er wollte auch nicht ungerecht sein. Der Gerichtsmediziner gab immer alles. Und in diesem Fall legte er sicher eine Sonderschicht selbst am Sonntag ein. Er hatte es seinem Gesicht angesehen, wie sehr ihm der Tod des Mädchens an die Nieren ging.

Guntram sah auf die Uhr. Gleich war es schon drei. Und von Katrin hatte er immer noch nichts gehört. Das war eigentlich kein gutes Zeichen. Ob er bei ihr anrufen sollte? Es war komisch. Jetzt waren sie endlich ein Paar und er zögerte, zum Telefon zu greifen. Als sie nur Kollegen gewesen waren, da hätte er am liebsten den ganzen Tag mit ihr gesprochen. Menschen waren wirklich merkwürdig. Er checkte noch einmal sein Mailpostfach, und als immer noch nichts von Piepwitz da war, nahm er seine Jacke vom Stuhl und machte sich auf den Weg in die Evenburgallee.

Als er seinen Wagen kurz darauf auf dem Seitenstreifen abstellte, hörte er den Lärm vom nahegelegenen Sportplatz. Wieso hatte er sich eigentlich nie für Fußball interessiert?, fragte er sich, während seine Augen die vielen

Namen auf den Klingelschildern abtasteten und nach Benjamin Feldmann suchten. Er wohnte unterm Dach. Guntram drückte auf den Knopf. Kurz darauf summte es und er ging in den Hausflur.

Ihn überkam immer ein leichtes Gefühl der Beklemmung, wenn er in Wohnblocks die Treppen hinaufstieg. Hier lebten sich praktisch völlig fremde Menschen Tür an Tür. Aus der Not heraus freundeten sich viele miteinander an. Er würde nie so leben können. Er spürte förmlich, wie hinter manchen Türen die Augen durch den Spion beobachteten, wer da die Treppe hinaufstieg. Es war hellhörig und viele wussten an Sonntagen nichts mit sich anzufangen. Ihm ginge es ähnlich, wenn er nicht diesen Job hätte, dachte er und kam endlich oben an.

Benjamin Feldmann stand im Türrahmen seiner Wohnung und sah ihn neugierig an.

»Sie wollen zu mir?«, fragte er und musterte Guntram von oben bis unten. »Sie sind Bulle, richtig?«

Guntram nickte. Ihm war klar, dass so ein Typ einen Polizisten aus zehn Kilometern Entfernung witterte.

»Sie haben schon davon gehört, nehme ich an«, sagte er und lehnte sich pustend gegen die Wand im Flur.

»Sicher. War ja klar, dass Sie dann sofort zu mir kommen. Aber ich habe nichts mit der Sache zu tun.«

»Können wir das vielleicht drinnen besprechen?«

»Ist mir auch lieber«, sagte Benjamin und ging voraus in eine karg eingerichtete Küche. »Kaffee?«

»Nein danke, hab ich gerade erst gehabt«, log Guntram. Er wollte von so einem Typen nichts außer der Wahrheit. Und im besten Fall ein Geständnis.

»Wo haben Sie von der Sache auf dem Spielplatz erfahren?«, fragte er jetzt.

»Auf dem Fußballplatz«, antwortete Benjamin. »Die Spatzen pfeifen es schon von den Dächern. Schließlich war Antje eine von ihnen.«

»Sie kannten sie also?«

»War ja klar, dass Sie mir gleich wieder so kommen. Bullen sind doch alle gleich. Da reicht man Ihnen den kleinen Finger und schon stellen sie mich als den Täter hin.«

»Ich stelle nur einfache Fragen«, knurrte Guntram.

»Klar. Aber in Ihrem Kopf, da haben Sie sich doch schon alles fein säuberlich zusammengelegt, stimmt's? Einmal Kinderficker, immer Kinderficker.«

Guntram wäre am liebsten aufgestanden, um ihm eine zu verpassen.

»Wer hat Ihnen davon erzählt?«, fragte er stattdessen weiter nach.

»Eben irgendjemand. Man redet auf dem Fußballplatz mit tausend Leuten. Waren Sie etwa noch nie da?«

»Nein«, antwortete Guntram. »Aber ich stelle Ihnen jetzt noch einmal die Frage, ob Sie Antje gekannt haben.«

»Klar hab ich sie spielen sehen. Ich bin praktisch jeden Sonntag auf dem Platz. Ist ja nicht weit von hier.«

»Sie haben sie also nur spielen sehen, aber nie mit ihr gesprochen?«

»He, Kommissar, mir ist schon klar, worauf Sie hinauswollen. Klar war die Antje ein süßes Ding. Aber sind wir doch mal ehrlich, sind sie das nicht alle, die kleinen Biester? So, wie die einen manchmal angucken, da ist man doch wirklich machtlos als Mann.«

Und ich hau ihm doch gleich eine rein, dachte Guntram und ballte die Hände zu Fäusten unter dem Tisch.

»Ist die Kleine denn ... na, Sie wissen schon, was ich meine.« Benjamin grinste ihn offen an.

»Dazu kann ich im Moment nichts sagen. Wie sieht es denn mit Ihrem Alibi aus für die fragliche Zeit?«

»Netter Versuch ... aber wann ist denn diese fragliche Zeit?«

»Heute Morgen zwischen halb acht und elf.«

»Das ist leicht. Da habe ich im Bett gelegen und geschlafen. Ich war nämlich die ganze Nacht unterwegs in der Fetenscheune.«

»Und bestimmt gibt es niemanden, der bezeugen kann, dass sie im Bett waren, richtig?«

»Leider nein.« Er schüttelte gespielt bedauernd den Kopf.

»Gut, das wäre dann alles«, sagte Guntram und erhob sich vom Stuhl. »Ich finde alleine raus. Und es wäre besser, wenn Sie in den nächsten Tagen nicht verreisen würden, falls ich noch Fragen habe.«

»Geht klar«, sagte Benjamin. »Und ich hoffe, dass Sie den Kerl schnappen, der das getan hat. Ist schade um die Kleine.«

Wenn du was mit der Sache zu tun hast, dann hänge ich dich an den Eiern auf, du Schwein, dachte Guntram, als er wieder im Hausflur stand.

Unten im Wagen merkte er erst, dass er sein Handy auf dem Beifahrersitz hatte liegen lassen. Katrin hatte zweimal angerufen. Er drückte auf die Rückruftaste.

»Wo bist du?«, fragte sie ohne weitere Begrüßung.

»In der Evenburgallee, ich habe einen Pädophilen befragt.«

»Also wurde sie belästigt?«

»Weiß ich nicht. Der Bericht von Piepwitz ist noch nicht da.«

»Und trotzdem befragst du schon Leute? Ohne dringenden Verdacht?«

»Wo bist du?«

»Na, zuhause bei Sarah.«

»In deiner Wohnung?«

»Ja.«

»Soll ich zu dir kommen?«

Vom anderen Ende kam zunächst nichts.

»Sorry«, sagte Katrin dann. »Sie war gerade dabei, sich einen Puppenarm in den Hals zu stecken, da musste ich eingreifen.«

»Schon gut ...«.

»Zu deiner Frage. Klar, kannst du kommen. Ich könnte uns eine Pizza in den Ofen werfen.«

»Ja, das wäre gut. Hunger habe ich auch.«

»Dann bis gleich.«

Sie legten auf.

Katrin ist noch nie in mein Haus gegangen, wenn ich nicht da war, dachte er.

Bevor er zu ihrer Wohnung fuhr, hielt er noch beim Sportplatz. Wahrscheinlich war Tina dort noch unterwegs.

Das Spiel war bereits abgepfiffen worden, als er, nachdem er seine Marke gezeigt hatte, auf den Platz ging.

Er sah sich um. Einige Besucher saßen noch auf den Bänken. Es gab immer was, worüber man sich unterhalten konnte. Und heute gab es bestimmt nur ein Thema.

Da er Tina nirgends entdeckte, ging er am Spielfeldrand entlang und lehnte sich schließlich auf den Zaun, der das Spielfeld von der Tribüne trennte.

Die Augenpaare lenkten sich jetzt in seine Richtung.

»Guntram, Polizei Leer«, erklärte er. »Ich untersuche den Fall Antje Weber. Hat jemand von Ihnen das Mädchen gekannt?«

Sie sahen ihn stumm an.

»Klar«, sagte schließlich ein Mann in den Fünfzigern. »Schlimme Sache, was mit ihr passiert ist.«

»Ja, da haben Sie recht. Wenn jemand von Ihnen etwas zur Aufklärung des Falles beitragen kann, dann findet er mich in der Dienststelle.«

»Sicher, wenn wir irgendwie helfen können«, sagte der Mann und sprach damit wohl für alle, denn sie nickten stumm dazu.

Als Guntram sich wieder dem Spielfeld zuwandte, sah er Tina auf sich zukommen. Er ging ihr entgegen.

»Papa, was machst du denn hier?«, fragte sie.

»Ach, ich bin zufällig hier vorbeigekommen und dachte, ich guck mal, ob du noch da bist. Ich bin auf dem Weg zu Katrins Wohnung.«

»Ach so.«

»Hast du was rausgefunden?«

Sie zuckte mit den Schultern. »Nichts Besonderes auf den ersten Blick. Doch natürlich sind alle schockiert. Heute gab es auch kein Frauenfußball. Aber auch die Jungs haben sich mit mir unterhalten. Hier kannte jeder Antje, den ich gesprochen habe. Sie haben sogar erst überlegt, das Spiel abzusagen. Aber dann war hier so viel los, dass sie trotzdem gespielt haben. Aber es soll eine komische Stimmung gewesen sein. Kaum jemand hat applaudiert, wenn ein Tor fiel.«

»Kann ich mir vorstellen. Wann kannst du denn mit der Mannschaft von Antje sprechen?«

»Nächsten Mittwoch. Ich habe mich erkundigt und bereits bei der Trainerin angemeldet. Sie wollen alle mithelfen, damit Antjes Mörder gefunden wird.«

»Das hast du gut gemacht«, sagte Guntram. Es gefiel ihm nicht, dass er seine Tochter jetzt hier stehen lassen musste, um zu Katrin zu fahren. »Was hast du denn jetzt vor?«

»Weiß nicht. Ist Mathias noch in der Dienststelle?«

»Nein, den hab ich nach Hause geschickt. Sobald wir wissen, wie Antje zu Tode gekommen ist, werden wir Tag und Nacht arbeiten müssen.«

»Okay. Dann gehe ich jetzt auch nach Hause.«

»Dann fahre ich dich da hin«, sagte Guntram.

Sie gingen zu seinem Wagen.

Den Dienstwagen, den er hierher benutzt hatte, würde er von Kollegen abholen lassen.

Katrin, Sarah und die Pizza

Als Guntram schließlich in Katrins Wohnung kam, roch es angenehm nach warmem Pizzateig und Salami. Sarah kam ihm entgegengelaufen. Ihre kleinen Hände waren voller Mehl und ihr Gesicht war eine rote Tomatenmasse.

Vielleicht war es das, was Katrin so überforderte. Sie wollte immer alles richtig machen. Selbst, eine Fertigpizza in den Ofen zu schieben, kam bei ihr nicht in Frage. Ob es ein Frauengen in dieser Richtung gab? Warum mussten sie nur immer so perfekt sein?

»He, sofort hierher«, rief Katrin und fing ihre kleine Tochter mit ausgebreiteten Armen ein. »Nicht, dass du mir alles vollschmierst.«

Sie sahen beide sehr glücklich aus in diesem Moment.

Vielleicht ist es das, wofür sich die ganze Mühe lohnt, dachte Guntram.

»Die Pizza braucht noch zwanzig Minuten«, sagte Katrin, während sie Sarah weit von sich abhaltend zum Badezimmer schaukelte. »Schenk uns doch schon einen Chianti ein.«

Als er den Wein eingeschenkt hatte, deckte er auch den Tisch. Er hörte, wie Sarah sich offensichtlich vehement gegen eine Salve von Wasser und Seife wehrte. Er stellte sich vor, dass sie drei in seinem Haus in Logabirum wohnten.

Und in diesem Moment überkam ihn das schlechte Gewissen. Er hatte Whisky völlig vergessen. Der Hund saß schon seit Stunden alleine im Haus.

Was sollte er jetzt machen? Wenn sie gleich aßen und Wein tranken, konnte es ein langer Abend werden. Nein, das hatte der Hund nicht verdient.

Er ging in Richtung Bad und lehnte sich an den Türrahmen.

»Ist es okay, wenn ich Whisky noch vor dem Essen hole?«, fragte er zögernd.

»Sicher«, antwortete Katrin sofort. »Der arme Hund. Warst du denn mittags gar nicht bei ihm?«

Nein, war ich nicht. Ich bin ein schlechter Mensch.

»Okay, ich beeile mich auch«, sagte er und lief zur Tür.

Es gab wohl Rabenväter, die auch noch miese Hundebesitzer waren.

Auf dem Weg nach Logabirum kam er wieder am Sportplatz vorbei. Jetzt war dort alles ruhig. Er musste wieder an Benjamin Feldmann denken. Er hatte gesagt, dass er oft auf dem Platz war und sich die Spiele angesehen hatte. Auch die von den Mädchen natürlich. Oder besonders die? Wie viele solcher Typen tummelten sich wohl auf dem Sportplatz herum? Und wie weit ging ihre Begeisterung? Endete sie in sexueller Belästigung in der Umkleidekabine? Bisher war kein Fall in der Richtung gemeldet worden. Aber was hieß das schon. Tina wollte in der nächsten Woche mit der Trainerin sprechen. Und eigentlich wäre er verdammt gerne dabei. Doch wie würde sie es auffassen, wenn er sich ihr anschloss? Würde er bei einer anderen Kollegin, die nicht seine Tochter war, auch so unentschlossen sein? Sicher nicht. Also zog er sein Handy aus der Tasche und wählte ihre Nummer.

»Hallo Schatz«, sagte er zur Begrüßung, »du, ich hab mir überlegt, ob es nicht vielleicht sinnvoll ist, wenn ich zu dem Gespräch mit der Trainerin mitkomme. Nicht, dass du es falsch verstehst, es ist nur ...«.

»Okay Papa«, antwortete Tina fröhlich. Es schien ihr nicht das Geringste auszumachen. »Ich treffe sie schon morgen Nachmittag.«

»Oh, das ist gut. Wir sehen uns dann morgen in der Dienststelle. Was machst du denn gerade? Füttert Frau Haubrich dich wieder?«

»Nein, zum Glück nicht. Aber ich muss jetzt Schluss machen, ich gucke gerade einen Krimi, und er ist verdammt spannend.«

»Gut, dann bis morgen«, sagte er in den Hörer und hörte kurz darauf den Freiton.

Bin ich eigentlich lästig?, fragte er sich. Katrin hatte alle Hände voll mit ihrer Tochter zu tun und Tina schaute fern. Sie kamen eigentlich ganz gut ohne ihn zurecht.

Als er die Haustür aufschloss, kam Whisky ihm mit hängendem Kopf entgegengelaufen.

»Was ist denn los?«, fragte Guntram. Er ahnte schon, dass dem Tier ein Malheur im Haus passiert war. »Ist schon gut.« Er strich dem Hund über den Kopf und dieser richtete sich augenblicklich auf und wackelte mit dem Hinterteil.

Das erste, was Guntram machte, war, ihm eine frische Schale Wasser hinzustellen. Dann öffnete er die Terrassentür zum Garten, wo der Hund verschwand.

Der üble Geruch kam schließlich aus dem Badezimmer. Whisky hatte vor lauter Verzweiflung auf den Fliesenboden gemacht. Der arme Kerl. Notdürftig wischte er den Urin mit Toilettenpapier auf und wischte noch einmal mit einem benutzten Handtuch nach. War doch eigentlich alles halb so schlimm. Jedenfalls nicht so schlimm, wie die Tatsache, ein Tier stundenlang alleine im Haus hocken zu lassen.

Er ging zu Whisky in den Garten, wo dieser fröhlich seine Runden drehte und die Sträucher bestimmt zum tausendsten Mal markierte.

Es war schon verdammt kalt für diese Zeit. Die Sonne war verschwunden. In der nächsten Woche startete der Gallimarkt in Leer und es hatte schon die ersten Fröste gegeben.

Guntram ging ins Haus zurück. Drinnen war es nicht viel wärmer als draußen, weil er die Heizung nur auf niedrigster Stufe laufen ließ, wenn er unterwegs war. Eigentlich hatte er jetzt gar keine Lust mehr, noch einmal zu Katrin zu fahren. Ob er einfach bei ihr anrief und Bescheid sagte? Er stellte sich vor, wie sie wütend in den Hörer schimpfte, weil die Pizza mittlerweile schwarz geworden war. Und dann sagte er auch noch ab.

Das konnte er ihr nicht antun. Und doch nahm er sein Handy und wählte ihre Nummer.

»Ja?«, meldete sich Katrin. »Ist was passiert?«

»Oh, nichts Schlimmes. Aber Whisky hat in die Wohnung gemacht, das muss ich jetzt erst mal wegwischen und dann ...«.

»Du kommst nicht mehr, hab ich recht?«

»Es wird doch sowieso viel zu spät, wenn ihr noch länger mit dem Essen wartet.«

»Ja, sicher hast du recht. Sarah quengelt auch schon. Eigentlich muss sie gleich ins Bett.«

»Dann sehen wir uns morgen in der Dienststelle. Okay?«

»Sicher. Bis dann.«

Sie legte ohne eine weitere Antwort von ihm abzuwarten, auf.

Der Einzige, der glücklich und zufrieden war, dass er zuhause blieb, schien Whisky zu sein. Guntram hatte für sie beide ein paar Käsebrote geschmiert und jetzt sahen sie sich auf dem Sofa liegend die Nachrichten an.

Ob Katrin jetzt sauer war? Oder ob sie auch relaxed in ihrem Wohnzimmer saß? Waren sie jetzt schon in ihrer ersten Beziehungskrise angekommen? Sicher, sie waren kein gewöhnliches Paar. Sie kannten sich schon so viele Jahre, dass es fast schon komisch war, dass sie überhaupt noch zusammengefunden hatten, außer nur Freunde zu sein.

Guntram wäre jetzt so gerne eingeschlafen. Doch es ging einfach nicht. Er zog sich seine karierte Decke über die Schultern, weil es ihn plötzlich fröstelte bei dem Gedanken, wieder alleine zu sein. Ging er zu waghalsig mit ihrer Zuneigung um? Hielt er sie gar für selbstverständlich? Er durfte nicht wieder die gleichen Fehler machen wie in seiner Ehe.

Von diesen Gedanken gequält zog er sein Handy vom Tisch und tippte eine Nachricht an Katrin ein. *Sorry, dass ich es heute nicht mehr geschafft habe. Schlaf gut. Ich liebe Dich. Jochen.*

Ihre Antwort kam prompt. *Ich liebe Dich auch. Es ist so einsam alleine auf dem Sofa. Bis morgen. Kuss Katrin*

Als er ihre Worte zum dritten Mal gelesen hatte, liefen Tränen über sein Gesicht.

Die Ermittlungen

Guntram hatte Whisky mit in die Dienststelle genommen. So ein Hund kam immer gut an bei jungen Mädchen.

Katrins Wagen stand auch bereits auf dem Parkplatz. Es lief wieder alles seinen Gang.

»Guten Morgen zusammen«, sagte Guntram, als er ins Büro kam, wo auch Mathias und Tina bereits beim Brainstorming mit Katrin zusammensaßen.

»Na, du hast wohl ein schlechtes Gewissen gegenüber deinem Hund«, lachte Katrin, als sie Whisky begrüßte. Anschließend gab sie Guntram einen Kuss auf die Wange.

Tina stieß Mathias am Arm und zwinkerte ihm zu.

»Ja, war nicht gut, dass er so lange alleine war«, bestätigte Guntram. »Und außerdem kommt er bestimmt gut bei der Mädchenmannschaft an, zu der ich heute Nachmittag mit Tina gehe.«

»Sie hat schon davon erzählt«, erwiderte Katrin. »Ist bestimmt eine gute Idee. Und jetzt erzähl mal, was es mit dem Mann auf sich hat, den du gestern Nachmittag besucht hast.«

Guntram setzte sich zu den anderen und berichtete von Benjamin Feldmann.

»Ist denn der Bericht von Piepwitz jetzt endlich da?«, fragte er, als er geendet hatte.

»Ich guck mal«, sagte Katrin und tippte etwas in ihre Tastatur, um die Mails zu checken. »Tatsächlich«, sagte sie dann und druckte den Bericht viermal aus, während sie ihn überflog und Satzfetzen in den Raum streute.

»Er kann im Moment nichts in Richtung sexuellen Missbrauchs feststellen«, las sie vor. »Wobei er auch denkt, dass die Kleidung, die eindeutig nicht Antje gehört hat, schon darauf hindeuten könnte, dass man es mit einem pädophil veranlagten Täter zu tun haben könnte.«

»Und woran ist sie gestorben?«, fragte Tina.

»Moment ...«, Katrin überflog den Text, »hier steht's. Sie wurde mit großer Wahrscheinlichkeit erstickt. Es gibt Druckstellen an den Handgelenken, also hat der Täter sie wohl festgehalten und ihr dann den Mund zugedrückt. Denn auch im Gesicht konnten Hämatome festgestellt werden.«

»Ich nehm die Bude von dem Kerl auseinander«, brummte Guntram.

»Du meinst den Feldmann?«, fragte Mathias.

Guntram nickte. »Wenn er das Mädchen in seiner Wohnung festgehalten hat, dann gibt es Spuren. Desto mehr Zeit vergeht, umso mehr kann er davon beseitigen.«

»Aber womit willst du eine Hausdurchsuchung begründen?«, fragte Katrin. »Nur damit, dass er einschlägig vorbestraft ist?«

»Warum denn nicht?«, fragte Guntram säuerlich zurück. »Wer zieht denn kleinen Mädchen schöne Sachen an? Das macht doch kein normaler Mensch.«

»Es gibt auch Männer, die nichts für ihre Neigungen können«, wandte Katrin ein.

»Das ist für mich aber keine Entschuldigung für einen Mord«, raunte Guntram.

»Nein, sicher nicht. Das habe ich damit auch nicht sagen wollen.«

»Dann lass uns wenigstens noch einmal mit ihm reden. Ich will sein Alibi haarklein auseinandernehmen.«

»Dagegen spricht wohl nichts«, räumte Katrin ein. »Mathias, kümmerst du dich darum, dass er zu einer weiteren Befragung hierherkommt?«

Der Kollege nickte und machte sich auf den Weg.

Tina spürte, dass etwas in der Luft lag, als sie mit ihrem Vater und Katrin alleine war.

»Ich könnte ja noch eine Runde um den Hafen drehen mit Whisky«, sagte sie und sah an Guntrams Augen, dass die Idee genau richtig kam.

Kurz darauf verließ sie mit dem Hund das Büro.

Katrin war es, die den Anfang machte.

»Und? Wie war es so alleine in deinem Haus gestern Abend?«, fragte sie und starrte weiter auf ihren PC.

»Katrin«, sagte Guntram, und sie sah ihn direkt an. »Es ist glaube ich nicht gut, dass wir uns nicht ganz aufeinander einlassen.«

Sie machte große Augen.

»Wie genau meinst du das?«

»Na ja, ich in meinem großen Haus alleine und du in deiner Wohnung. Und dazu noch unser stressiger Job, wo man sowieso keinen Feierabend kennt. Wie sollen wir da denn noch ein gemeinsames Privatleben organisieren können.«

Sie sah ihn weiter nur stumm an. Doch etwas in ihrem Blick sagte ihm, dass er genau den richtigen Ton getroffen hatte.

»Es ist ja nicht so, dass ich verlange ... nein, das ist das falsche Wort ... dass ich erwarten würde, dass du eine Wohnung aufgibst.«

»Nicht?«, fragte sie erstaunt. »Willst du etwa bei mir einziehen?«

»Hm ... mit dem Hund zusammen wird es glaube ich schon ein bisschen eng für uns alle.«

»Eben. Das denke ich auch. Aber im Grunde gebe ich dir recht, doch ehrlich gesagt finde ich, dass wir uns noch nicht genug kennen.«

»Im Ernst?«

»Ja, im Ernst. Es ist die eine Sache, dass wir schon viele Jahre zusammenarbeiten und Freunde sind. Aber eine Beziehung ist etwas völlig anderes. Das setzt ein großes Maß an Vertrauen voraus.«

»Hast du das denn nicht?«

»Doch, natürlich vertraue ich dir. So meine ich das nicht. Ich denke eher an das Vertrauen in die Beziehung, die man eingeht.«

»Du willst also eine Probezeit? So, als ob du einen neuen Job annimmst?«, fragte er und in seiner Stimme klang Enttäuschung mit.

»He, so habe ich das nicht gesagt …«.

»Es klang aber verdammt danach.«

»Das tut mir leid.«

»Katrin, ich vertraue dir. Und was noch viel wichtiger ist, ich liebe dich.« Er beugte sich jetzt vor und legte sein Gesicht in seine aufgestützten Hände. »Können diese Augen lügen?«

»He, das ist gemein.« Sie machte es genauso und sie sahen sich jetzt tief in die Augen. »Wie soll ich jetzt noch objektiv bleiben können?«

»Das ist es ja gerade, wenn man sich liebt, ist man nicht mehr objektiv.«

Sie lächelte, dann stand sie auf, ging um den Schreibtisch herum und legte von hinten ihre Arme um seinen Hals.

»Wir werden schon einen Weg finden, der uns zueinander führt«, flüsterte sie in sein Ohr und es kitzelte angenehm.

»Den haben wir doch schon längst gefunden«, sagte Guntram und drehte sich zu ihr um.

Sie küssten sich und es fühlte sich wieder richtig an. Und alles andere spielte im Moment auch keine Rolle.

»So, und jetzt wieder an die Arbeit«, sagte Katrin, als sie sich mit hochrotem Kopf wieder von ihm löste. »Wenn das unser Chef in Osnabrück sehen würde, dann wäre Antje die längste Zeit unser Fall gewesen.«

»Du hast recht«, pflichtete ihr Guntram bei. »Aber ist es nicht so, dass die meisten Beziehungen am Arbeitsplatz gelebt werden.«

»Oh, das wollen wir nicht hoffen. Dann ist ja niemand mehr treu«, lachte Katrin.

Sie setzte sich wieder hinter den Schreibtisch und reichte Guntram den Bericht von Piepwitz. Dann lasen beide noch einmal jeder still für sich, was der Gerichtsmediziner in Erfahrung gebracht hatte.

»Was denkst du?«, fragte Katrin nach einer Weile. »Wer bringt so ein kleines Mädchen um?«

»Meine Meinung kennst du«, antwortete er wie aus der Pistole geschossen. »Für mich sind die Zeichen eindeutig.«

»Und wenn es nicht diesen Hintergrund hat, was dann?«

»Du meinst, weil das Mädchen nicht missbraucht worden ist?«

»Ja. Zum Beispiel. Ist es nicht so, dass ein pädophiler Täter in der Regel sexuelle Befriedigung sucht?«

»Und was ist, wenn er die schon alleine darin findet, nur weil er dem Mädchen so ein rosa Kleid anzieht?«

Katrin nickte. »Du hast recht. Ich gebe es ja zu. Manchmal reicht den Typen auch schon das. Ich mag gar nicht daran denken, wenn Sarah mal so einem Schwein begegnen würde.«

Jetzt gefiel sie ihm wieder. Die Wut und der Biss in ihrem Gesicht, das war es, was er bei diesem Fall von ihr sehen wollte.

»Eben. Bei Tina mache ich mir genau solche Sorgen. Und genau deshalb will ich den Feldmann jetzt gleich in die Mangel nehmen. Wo bleibt Mathias nur?«

»Sicher ist er gleich wieder da. Weit ist es ja nicht. Vielleicht weigert sich der Feldmann auch, mitzukommen. Das wäre sein gutes Recht.«

»Klar. Aber das macht ihn nicht unbedingt unverdächtiger. Nein, ich denke, wenn er zuhause ist, dann marschiert er schön mit. Das ist das Schlaueste, was er machen kann. Und clever sind solche Typen allemal.«

»Piepwitz schreibt in seinem Bericht, dass das rosa Kleid neu war und noch nie getragen wurde.«

»Bis zu dem Tag, als Antje starb«, ergänzte Guntram.

»Ja, bist zu dem Tag.« Katrin sah zum Fenster. »Der Täter muss genau gewusst haben, was Antje vorhatte. Ich meine, ihm blieb wirklich nicht viel Zeit für seine Tat. Am Sonntagmorgen hat sie ja noch bei ihrer Freundin gefrühstückt. Er muss ihr auf dem Weg nach Hause aufgelauert haben. Und dann hat der Feldmann, nur mal als Hypothese, dass er der Täter ist, dann hat er Antje in Windeseile in die Evenburgallee in seine Wohnung gebracht, sie umgezogen, sich schnell befriedigt und dann erstickt. Danach ist er mit der Leiche zum Spielplatz gerannt. Und niemand hat ihn gesehen? Ganz ehrlich, hältst du das für wahrscheinlich?«

»Hm ... ich geb ja zu, dass sich das verdammt unwahrscheinlich anhört. Das wäre alles wirklich nur im Eiltempo möglich gewesen.«

»Eben. Und auch, wenn alle am Sonntag länger schlafen, irgendjemand steht doch immer am Fenster, trinkt einen Kaffee oder macht sonst was. Gerade bei den vielen Fenstern im Block, da kann ich es mir nicht vorstellen, dass niemand was gesehen hat.«

»Okay okay, ich geb es ja zu …«.

»Und noch eine ganz andere Sache kommt hinzu. Warum sollte er Antje denn ausgerechnet auf dem Spielplatz ablegen, wo sie wohnt? Genau vor dem Fenster ihrer Eltern? Echt, dümmer geht es doch wirklich nicht. Da hätte er sich ja gleich ein Blaulicht auf den Kopf setzen können.«

Guntram gab sich restlos geschlagen und legte die Füße auf den Schreibtisch.

»Ist ja gut. Wahrscheinlich war er es nicht. Aber es gibt bestimmt noch mehr solcher Vögel in Leer. Du wirst mich nicht dazu bringen, von meiner Theorie mit dem pädophilen Schwein abzubringen. Basta.«

»Das will ich ja auch gar nicht. Aber ich möchte nur verhindern, dass du dich zu sehr auf den Feldmann konzentrierst.«

»Vielleicht hat er ja noch einen Bruder.«

»Sehr witzig.«

Die Tür zum Büro ging auf und Mathias steckte seinen Kopf herein.

»Darf ich reinkommen, oder wollt ihr euch noch weiter zoffen?«, fragte er vorsichtig.

»Zoffen?«, fragte Katrin. »Wir arbeiten.«

»Na dann.« Er stieß die Tür ganz auf und kam rein. »Der Feldmann macht nicht auf. Entweder ist er nicht da, oder er will nicht mit uns reden.«

»Beides soll mir recht sein«, meinte Guntram. »Katrin hat mich eben davon überzeugt, dass er wohl nicht als Täter in Frage kommt. Na ja, sagen wir mal, ich bin zu fünfzig Prozent überzeugt.«

Sie rollte mit den Augen.

»Ach, jetzt nicht mehr hundert Prozent?«, fragte Mathias.

»Nein, der Zeitraum, den der Täter zur Verfügung hatte, ist einfach zu knapp. Wenn es sich wirklich um eine sexuell motivierte Straftat handelt, dann dürfte es eine ziemlich schnelle Befriedigungsspanne gewesen sein. Eigentlich zu knapp, um ehrlich zu sein.«

»Dann könnte es aber ein anderer Täter in die Richtung gewesen sein«, meinte Mathias. »Vielleicht sogar jemand aus den Blocks.«

»Soweit waren wir eigentlich auch gerade.«

»Ich schlage vor, dass Mathias und ich uns mal bei den Blocks umhören«, sagte Katrin jetzt mit Blick auf die Uhr. »In zwei Stunden hab ich nämlich schon wieder

Feierabend und mein Kindermädchen wollte heute pünktlich gehen.«

Als Guntram alleine im Büro war, setzte er sich an den PC und gab pädophil und vorbestraft in die Suchmaske der Datenbank ein. Dann schränkte er den Radius auf Ostfriesland ein und erhielt siebenundneunzig Profile. Und das sind nur die, die man erwischt hat, dachte er und schüttelte mit dem Kopf. Wie sollte er jetzt den Richtigen finden? In Leer selber fand er drei in Frage kommende Kandidaten. Darunter auch Benjamin Feldmann, den sie ja praktisch schon aus Zeitnot ausgegrenzt hatten. Vielleicht war das ein Fehler gewesen. Denn auch Feldmann hätte durchaus um die Blocks in den Stephanring schleichen können, und Antje dann in einem Fahrradkeller missbraucht haben. Vielleicht hatte er sie zufällig gesehen, als er von seiner nächtlichen Tour am frühen Morgen nach Hause kam. Egal, ob es jetzt sichtbar sexuelle Spuren gab oder nicht, das war zweitrangig. Wichtig war doch der Kick, den diese Typen erlebten, wenn sie ein kleines Mädchen in ihrer Gewalt hatten. Von den drei infrage kommenden Personen wohnte niemand in direkter Nähe zu Antjes Eltern. Also kamen alle drei in Betracht. Meistens gingen die Statistiken ja von einer Dunkelziffer von mindestens noch einmal fünfzig Prozent aus. Also kamen noch drei weitere Männer in Leer als Täter in Frage. Und von denen konnte durchaus jemand in unmittelbarer Nachbarschaft zu Antje wohnen. Es war schon ganz gut, dass Katrin und Mathias den Anwohnern dort noch einmal auf den Zahn fühlten.

»He Papa«, hörte Guntram plötzlich hinter sich.
»Oh, du bist schon wieder da?«
»Schon wieder ist gut«, sagte Tina. »Ich war bis zu meiner Wohnung gelaufen, wo Frau Haubrich Whisky erst einmal mit Leberwurstbroten gefüttert hat.«
»Deswegen sieht er so zufrieden aus«, lachte Guntram. »Wie spät ist es eigentlich?« Er hatte völlig die Zeit vergessen.
»Gleich zwei. Eigentlich können wir schon los. Es macht den Mädchen sicher nichts aus, wenn wir etwas eher da sind.«
»Stimmt. Und falls noch niemand da ist, können wir uns noch ein wenig umsehen.«

Kurze Zeit später kamen sie beim Vereinsheim im Westerhammrich an. Es standen bereits zwei Wagen auf dem Parkplatz und die Tür stand auch schon offen.
»Wir haben Glück«, sagte Tina und sie stiegen aus.

»Lass den Hund lieber erst mal im Wagen«, meinte Guntram.

Sie liefen zum Tor und sahen sich um.

»Sind Sie von der Polizei?«, fragte eine junge Frauenstimme.

»Ja, sind wir«, antwortete Tina. »Dann haben wir sicher telefoniert. Ich bin Tina Guntram.«

»Hallo, Sybille Knecht. Die Trainerin.«

Sie gaben sich die Hand und Guntram nickte. Fast hätte er gesagt, ich bin nur der Vater, konnte sich aber im letzten Moment noch zurückhalten.

»Die Mädchen kommen gleich«, fuhr Sybille Knecht fort. »Eigentlich wollten wir das Training heute absagen, doch weil Sie kommen wollten, habe ich allen Bescheid gesagt, dass sie doch kommen sollen. Allerdings werden wir nicht auf den Platz gehen.«

»Das verstehe ich gut«, sagte Tina. »Es ist wirklich schrecklich, was mit Antje passiert ist.«

»Das kann man wohl sagen. Die Eltern der anderen Mädchen sind total erschüttert. Hier …«, sie zeigte auf den Rand des Spielfelds, »da liegen Teddys und Blumen, die man hier für Antje abgelegt hat am gestrigen Sonntag. Alle sind erschüttert. Sie war so ein liebes Mädchen.« Ihr Gesicht war schmerzverzerrt und Tränen standen ihr in den Augen.

»Wie viele Spielerinnen haben Sie denn zurzeit?«, fragte Guntram und ließ seinen Blick schweifen. Er fand es komisch, dass viele Dinge, mit denen er sich beschäftigte, immer wieder im Westerhammrich zusammenliefen.

Sybille Knecht wischte sich fast unbemerkt übers Gesicht. »Im Moment stehen wir ganz gut da. Es sind fünfundzwanzig Mädchen in zwei Mannschaften. Die B- und die C-Jugend.«

»Ich hab nicht so viel Ahnung vom Fußball«, meinte Guntram. »Deshalb muss ich nachfragen.«

»Kein Problem«, sagte Sybille Knecht und lächelte jetzt sogar. »Die wenigsten wissen, dass wir so starke Mädchenteams haben. Frauenfußball hat immer noch nicht den gleichen Stellenwert, wie der der Männer.«

»Ich kenne mich mit beidem nicht aus«, meinte Guntram. »Aber es freut mich, dass Ihr Verein so eine positive Resonanz erfährt.«

»Ja, wir haben auch hart dran gearbeitet. Aber ich finde, es ist besser, wenn die Mädchen ein vernünftiges Hobby haben, wo sie sich sportlich austoben können, als wenn sie nur vor dem Fernseher hängen.«

»Das machen wohl sowieso eher die Jungen«, meinte Tina. Eigentlich hatte sie gehofft, dass sie das Gespräch mit Sybille hätte führen können. Schließlich war sie nur wenig älter als sie selber.

»Ja, das kann sein«, stimmte Sybille Knecht zu. »Und bei den Mädchen müssen wir aufpassen, dass sie sich nicht zu sehr für die Jungen interessieren. Wir können übrigens auch gerne reingehen, ich kann Ihnen auch einen Kaffee anbieten, wenn Sie möchten.«

»Sicher, warum nicht«, sagte Guntram. Es war ein leichter Ostwind aufgekommen und ihm war es sowieso zu kalt, noch länger draußen zu stehen.

Drinnen war es angenehm warm und der Raum war hell und freundlich.

Sybille Knecht befüllte die Kaffeemaschine und Tina und Guntram sahen sich um.

»Ich weiß, dass du lieber das Verhör führen möchtest«, flüsterte Guntram seiner Tochter zu.

»Ach, schon gut, Papa«, meinte Tina. »Wenn mir etwas auf der Seele brennt, dann frage ich schon.«

Das war seine Tochter. Und in diesem Moment konnte er nicht vermeiden, dass er sich vorstellte, wie Benjamin Feldmann ihr mit seiner Hand über den Kopf streichelte. Warum dachte er so etwas? Er schüttelte sich und sah aus dem Fenster.

Dann hörten sie Mädchenstimmen.

»Oh, die Ersten kommen schon«, sagte Sybille Knecht.

Sie schenkte Kaffee für beide ein, bis alle einen Platz gefunden hatten. Am Ende sah sich Guntram über zwanzig kleinen unschuldigen Gesichtern gegenüber und er sah ein, dass es besser war, wenn Tina die Fragen stellte.

»Mach du man«, flüsterte er ihr ins Ohr und sie verstand.

»Hallo, ich bin Tina und arbeite bei der Polizei«, begann seine Tochter und stand auf, damit alle sie sehen konnten. »Ich bin hier mit Kommissar Guntram. Wir beide arbeiten zusammen und er ist auch mein Papa. Trotzdem arbeiten wir ganz gut zusammen.«

Sie machte ihre Sache wirklich gut. So baute man Vertrauen und Nähe auf.

Die Mädchen sahen sie mit großen und teilweise bewundernden Augen an.

»Es ist schrecklich, was mit eurer Vereinskameradin passiert ist«, fuhr sie fort und die ersten Mädchen nickten und einigen rannen schon die ersten Tränen über die Wangen. »Wir wollen alles dafür tun, damit man den, der das getan hat, erwischt. Und wir hoffen, dass ihr uns dabei helft.«

Einige nickten.

»Für uns ist es wichtig, alles zu den Menschen zu erfahren, mit denen Antje Kontakt gehabt hat. Egal, ob es

Freundinnen sind, flüchtige Bekannte, mit denen sie mal gesprochen hat oder auch jemand, den ihr gar nicht kennt, mit dem ihr Antje aber mal gesehen habt. Alles kann wichtig für uns sein. Habt bitte keine Angst, es uns zu erzählen. Wir nehmen jeden Hinweis auf, damit wir den Täter fassen.«

»Und wieso sollen wir was wissen?«, fragte ein Mädchen, das reifer als die anderen wirkte und schon die ganze Zeit einen aufmüpfigen Blick im Gegensatz zu den anderen Spielerinnen aufgesetzt hatte. Das war Tina gleich bei der Eröffnung ihrer Befragung aufgefallen.

»Weil ihr eine ganze Menge Zeit mit Antje verbracht habt«, blieb Tina ganz ruhig. »Als ich noch jünger war, da hatte ich ein oder zwei wirklich beste Freundinnen, denen ich alles erzählt habe. Warst du auch eine allerbeste Freundin von Antje?«

»Ne, bestimmt nicht«, sagte das Mädchen jetzt. »Aber Scheiße find ich es trotzdem, was ihr passiert ist. Das hat damit gar nichts zu tun.«

»Ich denke, es tut jedem hier im Raum leid, was geschehen ist«, meinte Tina. »Es gibt Sachen, die dürfen einfach nicht passieren. Und derjenige, der Antje das angetan hat, der muss gefasst werden, damit er es nicht wieder tun kann. Und deshalb brauchen wir euch alle, egal, wie gut ihr Antje gekannt habt.«

»Tina hat recht«, mischte sich Sybille ein und nannte sie wie selbstverständlich beim Vornamen.

Der Vorteil der Jugend, dachte Guntram.

»Antje war eine gute Spielerin und sie hat immer mit dafür gesorgt, dass wir ein gutes Spiel gemacht haben. So wie ihr alle wichtig seid für die Mannschaft.«

»Pah«, machte das aufmüpfige Mädchen und verschränkte die Arme. »Und warum bin ich dann das letzte Mal vom Platz genommen worden?«

»Das ist eine ganz andere Sache«, beharrte Sybille Knecht, »und hat nichts mit dem Mord an Antje zu tun.«

»Na, jetzt darf ich sicher wieder mitspielen.«

Da schien einiges im Argen zu liegen mit dieser Spielerin, dachte Guntram. Und er spürte, dass ein großer Konkurrenzkampf stattgefunden haben musste zwischen diesem Mädchen und Antje. Hatte sie ihr am Ende vielleicht sogar einen wichtigen Platz im Team streitig gemacht? Und wenn ja, würde so ein Mädchen ein anderes deswegen töten? Eher unwahrscheinlich, aber nicht unmöglich. Er würde bei einem weiteren Gespräch mit der Trainerin darauf zurückkommen, nahm er sich vor.

Sybille Knecht war der Ausbruch des Mädchens sichtlich unangenehm. Die anderen Spielerinnen, die offensichtlich auch nichts von derartigen Äußerungen hielten, weil sie Antje sehr gemocht hatten, sagten zwar nichts, doch ihre Blicke sprachen Bände.

Guntram fand, dass es Zeit war, dass Tina mit den Mädchen alleine sprach.

»Könnten Sie mir mal die Außenanlage zeigen?«, fragte er an die Trainerin gewandt, die irgendwie erleichtert schien.

»Sicher«, sagte sie, »aber ...«.

»Meine Tochter wird bei den Mädchen bleiben«, fügte er schnell hinzu und Tina verstand sofort, was er von ihr erwartete.

»Na ja, wenn das so ist. Für zehn Minuten bin ich hier wohl entbehrlich, wenn eine Polizistin dableibt.«

Sybille Knecht ging voraus und Guntram folgte ihr nach draußen.

»Es schien so, als ob das Mädchen da drinnen eben kein Problem damit hätte, dass Antje nicht mehr mitspielt«, kam Guntram sofort zur Sache, als sie an den vielen Blumen und Stofftieren vorbeigingen, als sie über den Platz liefen.

»Oh«, wehrte Sybille Knecht sofort ab, »das darf man nicht überbewerten. Mädchen in dem Alter reagieren hochemotional und überdenken nicht, was sie sagen, bevor sie den Mund aufmachen.«

»Da stimme ich Ihnen zu. Doch sie scheint wegen irgendeiner Sache ziemlich sauer auf Antje gewesen zu sein. Und sie hatte selbst in der jetzigen Situation nicht das geringste Bedürfnis, damit hinter dem Berg zu halten.«

Sybille Knecht blieb stehen und ließ ihren Blick ins Grüne schweifen.

»Paula, also das Mädchen, das da eben so auffällig war, also Paula war sozusagen die Nummer eins im Team, bevor Antje dazukam.«

»Das dachte ich mir schon.«

»Ja. Und Antje war bestimmt kein Mädchen, das bewusst den Konkurrenzkampf gesucht hatte. Doch irgendwie war sie ein Naturtalent und wurde schließlich zur Mannschaftskapitänin gewählt.«

»Und vorher war das Paula?«

»Richtig. Paula ist schon etwas älter als alle anderen. Sie hat sich die Position mehr durch Respekt denn durch Teamplay verschafft, könnte man sagen. Doch bei Antje war das anders. Ich denke, außer Paula gibt es da drinnen nicht ein Mädchen, das Antje nicht mochte.«

»Und daran hat diese Paula wohl auch zu knabbern gehabt, nehme ich an.«

»Ganz bestimmt sogar. Und dass sie praktisch vom Thron gestoßen worden ist, so jedenfalls sieht sie das wohl, das lastete sie Antje an, obwohl diese ganz bestimmt nichts dafürkonnte und schon gar nicht angestrebt hatte.«

Guntram wurde klar, dass die junge Trainerin vor ihm zwar viel vom Fußball verstand, doch eben keine Pädagogin war.

»Wie lange war Antje denn schon die Mannschaftskapitänin?«

»Seit etwa einem halben Jahr. Es war nach drei Niederlagen, die wir einkassiert hatten. Da gab es ein Mannschaftsgespräch und ein Mädchen schlug vor, dass Antje übernehmen sollte. Es hängt viel davon ab, ob alle zusammenhalten, damit man als Team gewinnen kann.«

»Aber vorher war Paula die Nummer eins, obwohl sie nicht so beliebt war?«

»Ja, da wollte niemand sonst den Posten haben.«

»Verstehe. Aber Antje wollte schon.«

»Eher wurde sie dazu überredet, würde ich sagen. Ich glaube, darum war sie auch so beliebt. Sie hat sich nie in den Vordergrund gespielt.«

»Was denken Sie, könnte Paula so wütend gewesen sein, dass ...«.

Sybille Knecht drehte sich jetzt frontal zu ihm hin.

»Auf gar keinen Fall«, antwortete sie und wirkte sehr sicher. »Niemals hätte Paula Antje etwas derartiges antun können, dafür lege ich meine Hand ins Feuer.«

»Ich gebe zu, dass es weit hergeholt klingt. Doch wie Sie schon sagten, Mädchen in dem Alter reagieren oft hochemotional. Und dass Paula derart an Ansehen verloren hat, kann ihr ganz schön zugesetzt haben.«

»Na klar. Aber Mord? Ich bitte Sie, das ist doch wohl etwas sehr weit hergeholt. Sicher hat sich Paula zurückgesetzt gefühlt. Doch sie hat das Votum der Mannschaft akzeptiert, wenn auch ganz bestimmt zähneknirschend. Ich denke, ganz tief innen drin ist sie genauso schockiert wie alle anderen, dass Antje tot ist. Glauben Sie mir.«

Guntram nickte und setzte sich wieder in Bewegung.

Drinnen im Vereinsheim versuchte Tina gerade, mehr über die unterschwelligen Zu- und Abneigungen der einzelnen Spielerinnen in Erfahrung zu bringen. Sie stellte es ziemlich geschickt an, indem sie von ihrem eigenen kurzen Ausflug in einen Verein, nämlich beim Volleyballspiel, erzählte.

»Wir haben immer zusammengehalten«, sagte Tina. »Und wenn es einer von uns mal nicht gut ging, dann haben die anderen sofort gefragt, was los war. Bestimmt war es bei euch genauso, oder?«

Die zwanzig blonden, brünetten und roten schmalen Schopfe nickten mechanisch.

»Wisst ihr denn, ob es Antje vielleicht nicht gut ging? Ich meine, hatte sie irgendwie Probleme, zum Beispiel in der Schule oder zuhause?«

Jetzt wurden blaue, grüne und braune Augen groß und es bildeten sich Fragezeichen in den Gesichtern.

»Wenn ihr etwas wisst, dann solltet ihr das wirklich sagen«, fuhr Tina mit sanfter Stimme fort. »Es ist auch nicht eure Schuld, was Antje zugestoßen ist, daran müsst ihr immer denken. Niemand kann so etwas Schreckliches verhindern. Aber wir können alle zusammen helfen, damit man denjenigen findet, der Antje das angetan hat.«

Sie wusste, dass sie sich hier auf verdammt dünnen Eis bewegte, weil sie die noch nicht geschäftsfähigen Mädchen ohne Einwilligung, geschweige denn Anwesenheit der Eltern praktisch verhörte, und im günstigsten Fall, den sie sich selber zurechtlegte, befragte.

Selbst das aufmüpfige Mädchen, das vorhin so eine große Klappe gehabt hatte, sah jetzt betreten auf ihre Hände. Gerade von ihr hätte Tina sich eigentlich erhofft, dass sie irgendetwas sagte, und wenn schon alleine aus dem Grund, sich wieder einmal wichtig zu machen. Doch auch sie schwieg.

Das konnte zweierlei bedeuten. Entweder wusste sie etwas und wollte es nicht sagen, weil es sie selber in Bedrängnis hätte bringen können, oder sie fühlte instinktiv, dass der Rest der Mannschaft sie indirekt dafür verantwortlich machte, was Antje geschehen war, obwohl das eine völlig irrationale Einschätzung der Sachlage bedeuten konnte. Hatte das Mädchen etwa ein schlechtes Gewissen? Oder die anderen, weil sie nicht eingegriffen hatten, als das Mädchen selbst jetzt nicht ihren Mund hielt, nachdem Antje tot war?

Die Stimmung im Raum war bedrückend.

Draußen war Guntram jetzt einmal mit Sybille Knecht um den Platz gelaufen. Sie hatte ihm erzählt, in welchem Rhythmus die Mädchen trainierten und wie viele Spiele sie in einer Saison spielten. Organisiert wurde alles überwiegend von den Eltern untereinander, indem sie die Mädchen überall hinfuhren. In letzter Zeit war der Zuwachs an Spielerinnen leicht angestiegen, was natürlich auch mit dem einen oder anderen Sieg zu tun haben mochte. Dadurch war das Interesse der Presse geweckt worden und nach jedem größeren Bericht gab es zumindest interessierte Mädchen, die sich einmal Spiele ansahen, auch wenn sie nicht sofort selber auf das Spielfeld drängten.

»Wissen Sie von irgendwelchen Schwierigkeiten, die Antje hatte? Ich meine außer denen, die sie mit Paula zu haben schien. So zum Beispiel in der Schule oder auch im Elternhaus.«

»Schwierigkeiten?«, wiederholte Sybille Knecht und runzelte die Stirn. »Nein, eigentlich nicht. Soweit ich weiß, war sie eine sehr gute Schülerin. Ihr Vater war auch bei fast jedem Spiel dabei.«

»Und die Mutter nicht?«

»Nein, sie interessierte sich nicht für Fußball.«

»Aber es war immerhin ihre Tochter ...«.

»Ja schon. Aber Fußball ist in der Regel etwas für Männer. Es sind meistens die Väter, die mit ihren Töchtern hier am Spielfeldrand stehen und den Nachwuchs anfeuern. Fragen Sie mich nicht, warum das so ist, ich interessiere mich ja für Fußball.«

»Sonst wären Sie nicht die Trainerin«, stimmte Guntram zu. Er versuchte, sich Tina auf dem Platz vorzustellen. Es gelang ihm nicht. Vielleicht hatte Sybille Knecht recht, dass es immer noch ein Männersport war, auch wenn selbst die deutschen Fußballfrauen bestimmt genauso gut waren. »Wie sind Sie denn zum Fußball gekommen?«, fragte er jetzt.

Sybille Knecht lachte das erste Mal. »Natürlich durch meinen Vater, wie denn sonst. Er hat mich immer mit zu den Spielen geschleppt, während meine Mutter sich am Sonntag ein paar gemütliche Stunden mit ihren

Fernsehserien gemacht hat. Schon als ganz kleines Mädchen saß ich auf der Zuschauertribüne auf seinem Schoß. Es war wohl die wahnsinnige Euphorie, das Gejohle, wenn ein Tor fiel. Es hat mich von Anfang an fasziniert, was so ein Ball mit den Menschen machen kann, wenn er in das richtige Tor fällt.«

»Verstehe«, sagte Guntram. Er verglich das Gefühl mit seinem, wenn er endlich einen Täter dingfest gemacht hatte. Da hätte er auch ein ums andere Mal losjubeln können vor Glück. Doch natürlich hatte er das noch nie getan, dafür fehlte ihm das Talent zur grenzenlosen Freude.

»Vielleicht sollten wir jetzt wieder reingehen«, schlug Sybille Knecht vor. »Die Mädchen werden auch gleich sicher wieder abgeholt. Wie gesagt, trainieren werden wir heute nicht mehr.«

Sie gingen rein und Guntram und Tina verabschiedeten sich bald.

Trauer

Marion Weber sah die Welt nur noch durch einen Schleier. Ihr Mann Rainer hatte den Arzt gerufen und dieser hatte Marion eine Spritze zur Beruhigung gegeben und außerdem noch ein paar Tabletten dagelassen, die nach seiner knappen Erläuterung alles erträglicher machen würden.

»Soll ich dir einen Tee machen?«, fragte Rainer jetzt, als seine Frau wie eine Schlafwandlerin in die Küche kam. Ihre Augen waren glasig und ihr Gesicht wirkte wie das einer Puppe, der man das Lachen aus dem Antlitz geschnitten hatte und deren Mundwinkel jetzt nach unten zeigten.

Marion sah ihren Mann an und sah doch durch ihn hindurch. Er konnte nur erahnen, dass sie vielleicht kurz genickt hatte, als er fragte.

Sie ging in kleinen Schritten zum Sofa und sank darauf, als habe man ihr willkürlich den Stecker gezogen, bevor sie noch hatte weitergehen können.

Rainer ging zu ihr und legte die karierte Decke um ihre Schultern.

»Ich mache dir einen Tee, dann wird dir gleich wärmer.«

Er hatte ihre blauen Lippen gesehen, die trocken und stumpf wie zementiert wirkten.

Als ihr Mann das Wohnzimmer verlassen hatte, um in der Küche Wasser aufzusetzen, bewegten sich Marions Augen zum ersten Mal und sahen zu dem Bild an der Wand. Antje, wie sie fröhlich in die Kamera lachte. Da war sie acht Jahre alt geworden und hatte ein rosa Pony von ihren Eltern bekommen. Marion erinnerte sich noch genau daran, wie die Augen ihrer kleinen Tochter gestrahlt hatten, als sie endlich am Morgen aufstehen und ihr großes Geschenk, das auf dem Tisch in der Küche für sie bereitlag, auspacken durfte.
Nie würde sie das Strahlen in den Augen von Antje vergessen.
Vielleicht merkte sie es gar nicht, doch jetzt rannen die Tränen in einem wie plötzlich ausgebrochenen Wasserstrom über ihre Wangen. Ihr Herz zog sich zusammen. Sie konnte den Blick nicht von diesem Bild lösen, auch wenn es ihr die letzte Kraft nahm, um zu überleben. Ja, in diesem Moment, da wäre sie gerne gestorben. Nur, um diesen unerträglichen Schmerz in ihrer Brust nicht mehr zu spüren.

Rainer, der sich natürlich auf zunächst unbestimmte Zeit Urlaub genommen hatte, kam mit einem Becher Tee zurück ins Wohnzimmer.

»Hier«, sagte er und stellte ihn vor seiner Frau auf dem Tisch ab.

Er selber setzte sich auf den Sessel ihr gegenüber und rieb mit seinen Händen an seinem Becher entlang. Er verfolgte den Blick von Marion und blieb dann auch an dem Bild hängen. Hätte er es abnehmen sollen? Sicher brach es Marion jetzt das Herz, es zu sehen. Doch was hätte sie gesagt, wenn das Bild von Antje nicht mehr dagewesen wäre? Er wusste nicht, ob es so oder anders richtig war. Für ihn war es ja auch das erste Mal, dass er eine Tochter verlor. Sein einziges Kind. Sein ein und alles. Er versuchte, sich zusammenzureißen, einer musste doch stark sein in so einer Situation, um dem anderen Halt zu geben. Und umso mehr er sich in diese Pflicht hineinsteigerte, desto dicker wurde der Kloß in seinem Hals.

Schließlich rannen die ersten Tränen über sein Gesicht und er wischte mit der Hand darüber.

»Sie hat sich so über das rosa Pony gefreut«, sagte Marion jetzt mit einer Stimme, die nicht wie ihre klang.

Jetzt wurde Rainer von einem Schütteln erfasst, das er nicht mehr unter Kontrolle bekam. Er unterdrückte einen

Aufschrei, legte die Hand auf seinen Mund, um nicht loszubrüllen wie ein Tier, dem man das Herz ohne Vorwarnung aus der Brust gerissen hatte. Er schluckte hart und bekam sich wieder unter Kontrolle.

Dann sah er wieder zu dem Bild, auf das Marion noch immer starrte.

»Ja, sie hat das rosa Pony geliebt.«

Marion griff jetzt zu ihrem Becher, versuchte, ihn anzuheben, doch sie war zu schwach und schaffte es nicht.

»Warte«, sagte Rainer und setzte sich neben sie aufs Sofa. Dann nahm er den Becher in die Hand und führte ihn zu Marions Mund. »Trink, das wird dir guttun.«

Sie öffnete ihre spröden Lippen gerade soweit, dass der Rand des Bechers sicher umschlossen wurde. Er kippte ihn soweit, dass der Tee in kleinen Schlucken in ihrem Mund verschwand. Als sie schluckte, gab es ein Geräusch, als breche jemandem das Genick.

Er setzte den Becher wieder ab und stellte ihn zurück auf den Tisch.

»Wir müssen jetzt sehr stark sein«, sagte Rainer und versuchte in erster Linie, seine eigenen Kräfte heraufzubeschwören.

»Stark«, echote Marion. »Stark sein.«

Die Decke war von ihren Schultern gerutscht und sie zitterte leicht. Es konnte aber nicht an der Kälte liegen, dachte Rainer. Die Heizung lief auf Hochtouren, bestimmt waren es über zwanzig Grad im Wohnzimmer. Es war wohl die Kälte, die in ihr Herz gezogen war, als sie vom Tod ihres einzigen Kindes erfahren hatte. Er zog die Decke wieder hoch bis über ihre Schultern und legte eine Hand auf ihre.

Jetzt saßen sie stumm nebeneinander und sahen auf das rosa Pony, das Antje so glücklich gemacht hatte. Damals.

Sie schwiegen so lange, bis es wehtat. Dann klingelte das Telefon.

»Ich bin gleich wieder da«, sagte Rainer und zog seine Hand von der seiner Frau, die sich kalt anfühlte.

Es war die Polizei. Man wollte am nächsten Tag noch einmal zu einer Befragung zu ihnen kommen.

Als Rainer in das Wohnzimmer zurückkam, hatte Marion sich auf die Seite gelegt und hielt die Augen geschlossen.

Sanft legte er ihre Beine auch aufs Sofa, zog ihr die Hausschuhe von den Füßen und deckte sie mit der Decke zu, damit sie nicht mehr fror.

In der Dienststelle

Als Guntram und Tina in die Dienststelle zurückkehrten, war auch Mathias wieder dort. Katrin hatte bereits Feierabend gemacht und kümmerte sich um Sarah.

»Habt ihr was rausgefunden?«, fragte Guntram.
»Nichts Besonderes«, antwortete Mathias. »Es ist schon erstaunlich, wie wenig die Menschen sich umeinander kümmern, wenn sie in verhältnismäßig großer Zahl zusammenleben.«
»Ach ja?« Guntram fand diese Aussage auf gewisse Weise bemerkenswert. Es löste etwas in ihm aus, ohne dass er genau hätte sagen können, was es eigentlich war. War es bei Tieren nicht ähnlich? Sie brauchten einander im Rudel, um sich sicher zu fühlen. Aber große Gefühle entstanden wohl erst, wenn es nur Paare waren. Dann plötzlich schenkte man dem anderen Aufmerksamkeit. Ein interessanter Aspekt. Doch der Tiervergleich musste scheitern, weil bei Menschen ganz eindeutig die Neugier dazukam. Eine Eigenschaft, die oft zu vortrefflichen Aussagen führte, wenn es um eine Mordermittlung ging. Und ausgerechnet in einer Gegend, wo die Menschen in Blocks wie in Käfigen lebten, wollte niemand etwas gesehen haben? Schon alleine aus Langeweile sahen doch

viele den ganzen Tag aus dem Fenster, um wenigstens durch den Anblick Aktivitäten anderer einen Sinn im Leben zu haben. Doch in diesem Fall musste man Abstriche machen, weil es sich um einen Sonntagmorgen gehandelt hatte. Da schliefen die meisten länger. Das war nicht von der Hand zu weisen. War es vielleicht so, dass ein Mord, wie der, der an Antje verübt worden war, überhaupt nur an einem Wochenende hatte stattfinden können? Wäre sie nie an einem Montag- oder Dienstagmorgen gestorben?

»Papa?«, hörte er jetzt Tinas Stimme wie von ganz weit weg an seinem Ohr.

»Was?«, fragte er verdattert.

»Was ist los? Wo warst du mit deinen Gedanken?«

»Ach ... ich wundere mich nur, dass niemand was gesehen haben will. Das ist alles.«

»Ja, das finde ich auch komisch«, stimmte Tina zu.

Mathias hatte sich längst wieder seinem Rechner zugewandt, weil er es gewohnt war, dass sein Chef oft abdriftete und ihm gar nicht mehr zuhörte.

»Es könnte daran liegen, dass es Sonntag war«, ließ Guntram seine Tochter jetzt an seinen Gedankengängen teilhaben. »Da schlafen alle länger.«

»Sicher. Aber bestimmt nicht alle. Da wohnen auch einige alte Leute, die schlafen doch nie so lange.«

»Ab wann ist man alt genug, um nicht mehr schlafen zu können?«, fragte Guntram jetzt irritiert. Wie lange schlief er eigentlich sonntags noch?

»Habt ihr auch alte Leute befragt?«, richtete sich Guntram jetzt an Mathias, der vom Rechner aufsah.

»Klar waren auch Ältere dabei«, antwortete er.

»Und die haben auch nichts gesehen, obwohl sie nicht schlafen können?«

Mathias runzelte die Stirn. »Danach haben wir ehrlich gesagt nicht gefragt.«

»Es kann nicht sein, dass niemand etwas gesehen hat«, beharrte Guntram. »Vielleicht haben sie weggesehen, aber das ist etwas ganz anderes.«

»Du kannst ja selber nochmal losfahren und dein Glück versuchen«, sagte Mathias leicht angesäuert. »Ich habe für morgen früh einen Termin bei den Eltern gemacht. Ich hoffe, das war okay.«

»Sicher«, sagte Guntram schnell. Er spürte, dass er bei seinem Kollegen schon wieder die falschen Saiten zum Klingen brachte, ohne dass er es gewollt hätte. »Ich werde mit Katrin dahinfahren, wenn es okay ist.«

»Klar. Wie war's denn auf dem Sportplatz?«

»Tja, viel haben wir im Prinzip nicht erfahren. Es sind ja auch noch recht junge Mädchen. Auf jeden Fall war

Antje bei allen beliebt. Sie war sogar Mannschaftskapitänin.«

»Na dann …«.

»Wahrscheinlich sollten wir uns auf die einschlägig vorbestraften und erfassten Pädophilen konzentrieren. Ich bleibe bei meiner Theorie. Hast du es nochmal bei dem Feldmann versucht?«

Mathias schüttelte den Kopf. »Nein. Soll ich nochmal bei ihm vorbeifahren?«

»Nein, heute nicht mehr. Kann sein, dass ich gleich noch bei ihm halte, wenn ich zu Katrin fahre.« Sein Blick wanderte zu Whisky, der sich in einer Ecke des Büros lang ausgestreckt hatte und schlief. Hund müsste man sein, dachte er.

»Ich werde mich intensiv mit dem Thema Frauenfußball beschäftigen, wenn das Okay ist«, sagte Tina.

»Sicher, mach das«, antwortete Guntram. Er fragte jetzt nicht, was sich seine Tochter davon versprach. »Was ist eigentlich bei den Durchsuchungen der Kellerräume herausgekommen?«, fragte er jetzt wieder an Mathias gewandt.

»Bisher keine Spuren, die auf einen möglichen Tatort hinweisen könnten«, antwortete Mathias.

»Und da sind sich die Kollegen ganz sicher?«

»Jedenfalls haben sie es gesagt. Aber du kannst ...«.

»Sie selber fragen, ich weiß«, stöhnte Guntram und reckte sich. »Wie spät ist es eigentlich?«

»Gleich fünf«, sagte Tina. Dann setzte sie sich an einen freien Computer und tippte etwas in die Tastatur, was bestimmt mit Mädchen und Fußball zu tun hatte.

»Dann geh ich jetzt mal los«, sagte Guntram. »Ruft mich an, wenn was ist.«

Er stieg kurz darauf mit Whisky in den Wagen und fuhr Richtung Evenburgallee. Doch auch diesmal machte Benjamin Feldmann nicht auf, selbst, als er mindestens zehn Minuten vor der Tür stand und immer wieder auf den Klingelknopf drückte.

Was trieb dieser Kerl nur, dachte Guntram ärgerlich. Ob er vielleicht abgehauen war? Das wäre ja eine schöne Scheiße. Der Täter auf dem Silbertablett und sie ließen ihm genügend Zeit, um zu verschwinden.

Er machte ein paar Schritte zurück und sah zu dem Fenster rauf, das zu Feldmanns Wohnung gehörte. Es brannte Licht in der Küche. Also war er da. Aber wieso machte er nicht auf? Ob er vergessen hatte, das Licht auszuschalten, als er Hals über Kopf abgehauen war? Das wäre eine Möglichkeit. Aber genauso gut konnte es sein, dass er da oben hinter dem Fenster stand und wartete, dass der aufdringliche Bulle wieder verschwand. Und diesen Gefallen wollte Guntram ihm einfach nicht tun.

Er ging noch einmal zur Eingangstür und drückte wieder auf die Klingel mit dem Namen Feldmann. Es tat sich nichts. Also drückte er auf den Knopf links ganz unten und kurz darauf summte es und er drückte die Tür auf.

Eine ältere Dame hatte ihren Kopf durch den Spalt ihrer Tür gesteckt und sah ihn jetzt fast ängstlich an.

»Guten Abend«, sagte Guntram, »alles in Ordnung, ich bin von der Polizei.«

»Polizei?«, wiederholte sie.

»Ja, ich wollte zu einem Bewohner hier im Haus, der aber leider nicht auf mein Klingeln reagiert, obwohl Licht in seiner Wohnung brennt.«

»Ich kenne hier niemanden«, sagte sie und machte die Tür zu, ohne weiter auf Guntram einzugehen.

Soviel zum Verhalten von Menschen in Wohnkäfigen, dachte Guntram. Einen Dreck scherten sie sich umeinander. Vielleicht stimmte es wirklich, dass niemand gesehen hatte, als man die kleine Antje tot auf die Schaukel setzte.

Er stieg die Treppen hinauf bis unters Dach und blieb pustend vor der Tür von Benjamin Feldmann stehen. Er drückte auf den Klingelknopf und horchte. Kein Geräusch außer dem schrillen Ton der typischen Klingeln aus den sechziger Jahren drang an sein Ohr.

»Herr Feldmann, ich weiß, dass Sie da sind. Bitte öffnen Sie die Tür.«

Guntram hörte, wie in der Wohnung gegenüber jemand hinter der Tür durch den Spion beobachtete, was sich bei seinem Mitbewohner tat.

Er drehte sich um und meinte jetzt sogar, ein Auge zu sehen, das sich blitzschnell in Deckung begab.

»Herr Feldmann!« Jetzt trommelte Guntram mit der Faust gegen die Tür. »Machen Sie auf. Ich habe nur ein paar Fragen.«

Dann ging die Tür hinter ihm auf.

»Vielleicht ist er ja nicht da«, sagte eine Frauenstimme.

Guntram drehte sich um.

»Kennen Sie Herrn Feldmann?«

»Nur vom Sehen. Ich wohne noch nicht so lange hier.«

»Okay. Wissen Sie, wo Herr Feldmann arbeitet?«

Sie zuckte mit den Schultern.

»Dann schlage ich vor, dass Sie wieder in Ihre Wohnung gehen.«

Sie murmelte etwas und kurz darauf ging die Tür wieder zu.

Mist, dachte Guntram. Vielleicht hätte sie ja doch noch etwas Nützliches zu sagen gehabt. Dieser Typ da hinter der

Tür, der ihn offensichtlich verarschte, indem er die Tür nicht aufmachte, brachte ihn langsam auf die Palme.

Er drückte noch einmal auf die Klingel, bis das Blut aus seinem Finger wich und weiß wurde. So kam er nicht weiter.

Er drehte sich zu der Tür gegenüber um und klingelte bei der Frau, die er eben so gekonnt verscheucht hatte.

»Ja?«, fragte sie, als sie öffnete und ein Lächeln umspielte ihren Mund.

»Sorry, wenn ich eben so unfreundlich war«, sagte Guntram und stellte sich in aller Form vor.

»Kein Problem, Herr Kommissar. Aber worum geht es eigentlich?«

»Sie haben sicher von dem toten Mädchen gehört.«

Sofort wich das Lächeln von ihren Lippen. »Ja, eine schreckliche Sache. Und Sie glauben, dass Herr Feldmann etwas damit zu tun hat?«

»Das ist kompliziert und ich kann dazu jetzt auch nichts weiter sagen. Aber es wäre schon wichtig, dass ich in die Wohnung komme.« Langsam beschlich ihn immer mehr das sichere Gefühl, dass er einen großen Fehler gemacht hatte, weil er Feldmann hatte entkommen lassen. «Wissen Sie vielleicht, wer noch einen Schlüssel zu seiner Wohnung haben könnte?«

»Ja. Ich.«

»Sie?«

»Ja, ich. Das ist doch wohl üblich, wenn man in einem Block wohnt. Irgendjemand muss sich ja kümmern, wenn man zum Beispiel mal verreist oder so.«

Wieso eigentlich?, fragte sich Guntram. Er selber wäre nie im Traum auf die Idee gekommen, seinen Nachbarn in Logabirum einen Schlüssel zu seinem Haus zu geben. Warum auch? Es hatte niemand etwas darin zu suchen, wenn er nicht da war. So etwas funktionierte wohl nur in Blocks, wo jeder meinte, den anderen zu kennen, nur weil er ihn durch die Wände atmen hören konnte.

»Aber Sie sagten doch eben, dass Sie noch gar nicht so lange hier wohnen. Sie wussten ja nicht einmal, wo er arbeitet. Und trotzdem haben Sie einen Schlüssel zu seiner Wohnung?«

»Ja«, sagte sie und lehnte sich an den Türrahmen. »Benjamin ... ich meine, Herr Feldmann, er hat mir gleich, als ich eingezogen bin, eine Flasche Rotwein geschenkt. Das fand ich nett. Wissen Sie, ich komme aus der Großstadt und bin nur wegen der Arbeit nach Leer gezogen. Ich bin es nicht gewohnt, dass man sich um mich kümmert. In Berlin habe ich auch in einem Block gewohnt. Über fünf Jahre. Und ich kannte niemanden persönlich. Können Sie sich das vorstellen?«

Irgendwie schon, dachte Guntram. Ihm würde es bestimmt auch so gehen, weil er sich kaum für seine Mitmenschen interessierte, wenn sie nicht gerade jemanden umgebracht hatten.

»Na ja«, murmelte er. »Wäre es vielleicht möglich, dass ich Ihren Schlüssel zu der Wohnung von Herrn Feldmann mal kurz ausleihe?«

»Ich weiß nicht«, sagte sie und zögerte. »Warum wollen Sie denn da rein? Hat er etwas verbrochen? Ist er verdächtig in der Sache mit dem jungen Mädchen?«

Guntram ahnte, dass er ihr von seinem Vorleben erzählt hatte. Sie ahnte, dass an dem Verdacht etwas dran sein könnte.

»Ich weiß es nicht«, sagte er ehrlich. »Doch ich muss jetzt in die Wohnung, das weiß ich ganz genau.«

»Na ja, Sie sind von der Polizei. Dann geht das sicher wohl in Ordnung. Einen Moment bitte.«

Sie verschwand und ließ die Haustür offen stehen. Ich hätte ihr etwas vorgelogen haben können, ihr in die Wohnung folgen und sie umbringen, dachte er.

»Bitte gehen Sie in Ihre Wohnung zurück«, bat er, als er endlich den heiß ersehnten Schlüssel in der Hand hielt. »Es ist nur zu Ihrer eigenen Sicherheit.«

Sie nickte und schloss die Tür hinter sich.

Guntram stand jetzt wieder vor der Tür von Benjamin Feldmann. Es wäre sicher sinnlos, jetzt noch einmal zu klingeln, dachte er.

»Herr Feldmann, ich komme jetzt herein«, kündigte er sein bevorstehendes Eindringen an. Dann steckte er den Schlüssel ins Schloss und drehte um.

»Herr Feldmann?«

In Sekundenschnelle hatte Guntram die vier Türen erfasst. Das Licht kam aus der Küche. Und auch in dem anderen Zimmer, das er von der Straße aus nicht hatte sehen können, war es hell erleuchtet. Hier stimmte doch etwas nicht.

Mit lautlosen Schritten drang er weiter in die Wohnung vor. In der Küche war Benjamin Feldmann nicht.

Die Tür, auf die er zuging, war geschlossen.

Die Tür links von ihm zu dem Zimmer, in dem ebenfalls Licht brannte, war nur angelehnt. Vorsichtig schob er sie weiter auf.

Dann sah er Benjamin Feldmann auf dem Sofa sitzen. Und im selben Moment wusste er, dass er tot war.

Auf dem Tisch aus dunkelrotem Marmor stand ein leeres Wasserglas, auf dessen Boden sich die bereits getrockneten weißen Reste von zermalmten Tabletten angesammelt hatten.

Mechanisch zog Guntram sein Handy aus der Tasche und alarmierte Mathias, damit man Benjamin Feldmann und seine Wohnung untersuchte.

Keine fünfzehn Minuten später standen mehrere Wagen vor dem Block in der Evenburgallee. Das Blaulicht erhellte auf bizarre Art den herannahenden Abend. Bewohner der anderen Wohnungen sahen ängstlich auf den Flur, als die Männer, die durch ihre Art, wie sie die Treppen nach oben rannten, eine beängstigende Stimmung verströmten. Es war etwas passiert.

Oben in der Wohnung war Guntram durch die anderen Zimmer gegangen. Unterschwellig sammelte sich in ihm das bedrückende Gefühl, dass es seine Schuld sein könnte, dass Benjamin Feldmann sich das Leben genommen hatte. Oder war es doch eher ein Schuldeingeständnis, weil er Antje ermordet hatte und jetzt die Konsequenzen gefürchtet hatte und sich lieber in den Selbstmord davonstahl, bevor er wieder eingesperrt wurde? Noch war alles offen.

Während er auf das Einsatzteam gewartet hatte, rief er bei Katrin an, um sie zu informieren. Er würde es vermutlich nicht mehr zu ihr schaffen an diesem Abend, schloss er das Gespräch. Doch Katrin wäre nicht Katrin, wenn sie sich so einfach hätte abspeisen lassen. Sie sagte, dass sie auch in die Wohnung käme, sobald sie ihr Kindermädchen erreicht hätte, die an diesem Abend wohl eine Sonderschicht einlegen müsste.

Benjamin Feldmanns Wohnung war mit den Dingen eingerichtet, die man bei zurückgezogenen alleinstehenden Männern vermutete. Die Möbel wirkten wie von alten Tanten geerbt oder auf dem Flohmarkt erstanden. Es passte im Grunde nichts zusammen. Sagte man nicht oft, dass die Einrichtung einer Wohnung das Innenleben des Besitzers widerspiegelte? Nun, Benjamin Feldmann musste ein Mensch gewesen sein, bei dem kein Rad ins andere griff. Und das hatte ihn wohl schließlich auch zu einer Gefahr für seine Mitmenschen gemacht.

»Meinst du, dass er der Täter ist?«
Guntram fuhr herum. Er hatte gerade in den Kleiderschrank gegriffen und Hemden und Pullover beiseitegeschoben, um dort vielleicht auf belastendes Material in Sachen Kindesmissbrauch zu stoßen.
»Katrin, das ging ja schnell«, sagte er jetzt und lächelte sie an.

»Ich hatte Glück«, erwiderte sie, »ich konnte das Kindermädchen gerade noch vor einem Besuch im Kino erwischen.«

»Na dann … tja, ob er unser Täter ist, weiß ich nicht«, raunte Guntram.

»Aber du denkst, dass er es ist. Oder wünschst du es dir sogar?«

Er runzelte die Stirn.

»Na, schließlich hast du ihn doch von Anfang an in Verdacht gehabt.«

»Das klingt, als glaubtest du nicht an seine Schuld.«

»Auf jeden Fall halte ich nichts von Vorverurteilungen, ohne überhaupt den geringsten Beweis zu haben.«

Es war eindeutig, dachte Guntram. Katrin war gereizt und irgendwie nicht gut auf ihn zu sprechen. Er hatte jetzt keine Lust, sich mit ihr zu streiten. Das hatte er eigentlich nie.

»Vielleicht hast du recht«, räumte er dann ein. »Doch auch wenn ich falsch lag, war das kein Grund, sich gleich das Leben zu nehmen.«

Er wandte sich wieder dem Kleiderschrank zu.

»Tut mir leid«, sagte Katrin. »Ich bin im Moment irgendwie schräg drauf. Und ich weiß nicht einmal, warum eigentlich.«

Sie stellte sich neben ihn und sah ihm dabei zu, wie er weiter in der Wäsche herumwühlte.

»Was macht ihr da?«

Das war Mathias.

»Keine Ahnung«, antwortete Katrin und ging zu ihrem Kollegen. »Habt ihr was gefunden?«

»Bisher Fehlanzeige, jedenfalls was den Mord an Antje Weber betrifft. Aber die Spurensicherung wird noch herausfinden, ob er was mit ihr zu tun gehabt hat. Außerdem gibt es jede Menge einschlägige Pornos und Zeitschriften. Egal, wie es ausgeht, er war ein Schwein, das sich an kleinen Kindern vergriffen hat.«

»Fang du auch noch an«, stöhnte Katrin auf.

»Womit?«

»Ach, egal. Ich guck mal, was Piepwitz macht.«

Sie ging ins Wohnzimmer, wo der Gerichtsmediziner gerade seine ersten Eindrücke sammelte.

»Was ist denn mit Katrin los?«, fragte Mathias, als er mit Guntram alleine war.

»Ich weiß es nicht.« Guntram zuckte mit den Schultern.

»Komisch, dass ausgerechnet eine junge Mutter einen Kinderschänder verteidigt.«

»He, das tut sie doch gar nicht. Aber ich glaube, sie mag es nicht, wenn man Dinge unterstellt, die nicht zutreffen.«

»Aber er hat Kinder belästigt.«

»Ich weiß ...«.

»Und dass er etwas mit Antjes Tod zu tun hatte, das kriegen wir auch schon noch raus.«

»Wenn es so ist, dann auf jeden Fall.«

Es dauerte noch fast zwei Stunden, bis das Einsatzteam die Wohnung von Benjamin Feldmann verließ und die Tür versiegelte.

»Und jetzt?«, fragte Katrin, als sie mit Guntram draußen vor der Tür stand.

»Tja, jetzt heißt es wohl wieder warten«, antwortete er.

»Willst du mit zu mir kommen?«

Sie sah ihn offen an und er hatte das Gefühl, dass sie jetzt seine Nähe brauchte.

»Ich weiß nicht, eigentlich müsste ich noch kurz mit Whisky laufen. Der arme Hund sitzt ja schon seit Ewigkeiten im Wagen.«

»Lauf doch kurz die Evenburgallee rauf und runter und dann kommst du zu mir. Bitte ...«.

Sie lehnte jetzt ihren Kopf an seine Schulter.

»Na gut«, sagte er.

»Dann bis gleich.« Sie gab ihm noch einen Kuss auf die Wange und lief zu ihrem Wagen.

Ist der Fall gelöst?

Durch das Kitzeln einer plüschigen Teddybärentatze wurde Guntram am nächsten Morgen von Sarah geweckt.

Neben dem kleinen Mädchen stand Whisky und sah von einem zum andern.

»Wie spät ist es denn?«, fragte er und rieb über sein Gesicht.

»Sarah Hunger«, flüsterte die Kleine und rieb mit dem Teddy jetzt über ihren Bauch.

»Was macht ihr da?«, kam es von Katrins Seite.

»Wir frühstücken am besten, damit hier keine kleinen Mädchen verhungern«, murmelte Guntram und schob die Bettdecke beiseite. Er wusste nicht warum, aber immer, wenn er bei Katrin übernachtete, oder sie bei ihm, dann war er der Erste, der aus dem Bett kroch, um sich um Sarah zu kümmern. Er machte es gerne. Schon allein, um Katrin ein wenig zu entlasten, weil sie von Natur aus eine Langschläferin war und sehr durch die Zeiten gelitten hatte, als Sarah sie nachts mehrmals aus dem Schlaf gerissen hatte.

»Ich setze den Kaffee an«, sagte er, als er ihr noch einen Kuss auf die Wange drückte, bevor er aus dem Bett stieg.

»Ich komme auch gleich«, erwiderte Katrin schlaftrunken und zog sich die Bettdecke übers Gesicht.

»Sarah, gehst du bitte schon mit Whisky in die Küche«, sagte Guntram zu dem Mädchen, »ich komme auch gleich.«

Er sah den beiden nach und hätte das Bild des treuen Vierbeiners, der sein Leben für ein kleines Mädchen gegeben hätte, am liebsten eingefroren. Es traten Tränen in seine Augen, als er sich daran erinnerte, wie sehr Tina sich immer einen Hund gewünscht hatte, als sie klein gewesen war. Doch nie war dafür Zeit gewesen.

Als er unter der Dusche stand, wurden seine Gedanken wieder klarer. Vielleicht hatten sie am gestrigen Abend die Leiche des Täters aus der Wohnung in der Evenburgallee geholt und der Mord an Antje wäre geklärt. Das war die ideale Variante.

Als er in die Küche ging, sah er aus dem Augenwinkel, wie Katrin aus dem Bett stieg. Sie trug nur einen Slip, den man auch als Stirnband hätte bezeichnen können und beim Anblick ihres somit fast nackten wohlgeformten Pos kam er wieder auf ganz andere Ideen.

Gutgelaunt ging er weiter in die Küche, wo Sarah auf ihre ganz eigene Art den Tisch gedeckt hatte. Die

Cornflakes lagen verstreut um ihren kleinen Teller und Whisky schleckte Milch vom Küchenboden.

Er musste lächeln. Familienleben.

Guntram setzte Kaffee an und rückte hier und da etwas auf dem Tisch zurecht. Dann holte er die Zeitung aus dem Briefkasten und wartete, bis Katrin kam.

»Und? Steht schon was drin?«, fragte sie und schlang ihre Arme von hinten um seinen Hals.

»Nein, das haben sie wohl gestern nicht mehr geschafft«, antwortete Guntram.

»Wahrscheinlich laufen die Telefone in der Dienststelle heute heiß, weil sie wissen wollen, ob Benjamin Feldmann der Mörder von Antje ist.«

»Davon gehe ich auch aus.«

Guntram schenkte für beide Kaffee ein, als sie sich setzte.

»Was wirst du ihnen sagen?«

»Wieso ich? Du könntest es genauso gut machen.«

»Du weichst aus.«

»Natürlich mache ich das«, sagte er lachend. »Und ich werde ganz sicher nicht sagen, dass Feldmann der Täter ist, keine Sorge.«

Sie lächelte und schmierte sich ein Brötchen, während Sarah in ihren Flakes herummanschte.

»Ich verstehe nicht, warum ich Sarah immer hier betreuen lassen muss«, sagte Katrin plötzlich.

»Wie?«

»Na, warum kann ich sie eigentlich nicht mit in die Dienststelle nehmen?«

»Das ist jetzt aber nicht dein Ernst.«

»Es gibt viele Firmen, die einen betriebseigenen Kindergarten haben.«

»Sicher. Aber nicht die Polizei.«

»Und warum nicht?«

»Weil ... meine Güte, es passt einfach nicht. Kleine Kinder und Mörder. Das musst du doch auch zugeben.«

»Ich habe ja nicht gesagt, dass ich Sarah im Verhörzimmer spielen lassen möchte«, antwortete Katrin gereizt.

Guntram war mit seinen Einwänden am Ende. Was war nur mit Katrin los? Bisher lief doch auch alles reibungslos mit dem Kindermädchen, das sich in ihrer Wohnung um das Mädchen kümmerte.

Irritiert sah er sie an. »Katrin, auch auf die Gefahr hin, dass du mir gleich ins Genick springst. Was ist eigentlich los mit dir?«

Sie schluckte.

Er sah, dass sie kurz davor war, loszuheulen.

Sarah ließ sich gerade mit der halbvollen Schale Cornflakes vom Stuhl rutschen, um sie Whisky hinzuhalten, damit dieser die restliche Milch ausschlabberte. Doch das kümmerte in diesem Moment keinen von beiden.

Guntram legte eine Hand auf ihre und streichelte sie sanft.

»Ich ...«, schniefte Katrin und dicke Tränen liefen lautlos über ihr Gesicht. »Es ist ...«. Weiter kam sie nicht.

Es war also etwas sehr Ernstes. Aber was?

»Möchtest du nicht darüber sprechen?«, fragte er und sah sie offen an.

»Doch«, schluchzte sie jetzt und zog ein Papiertaschentuch aus der Box, die auf dem Tisch stand. »Ich halte es alleine auch gar nicht mehr aus.«

»Aber was?«

War sie etwa todkrank? Um Gottes willen. Sein Herz zog sich in seiner Brust zusammen.

Ohne zu antworten, stand sie vom Stuhl auf und lief zum Küchenschrank. Sie öffnete eine Tür, in der die Teller standen, und zog einen Briefumschlag hervor. Sie kam damit wieder zum Tisch und setzte sich, als sie ihm den Brief reichte, der an sie adressiert war. Fein säuberlich geschrieben, aber ohne Absendervermerk.

»Was ist das?«, fragte Guntram und nahm nur noch aus dem Augenwinkel heraus wahr, dass Sarah jetzt mit Whisky im Schlepptau die Küche verließ.

Katrin sah ihn nur aus großen ängstlichen Augen an und sagte nichts.

Guntram öffnete den Umschlag und zog ein mit der Hand eng beschriebenes weißes Blatt heraus und las.

»Das darf doch nicht wahr sein«, schnaubte er, als er den Inhalt überflogen hatte. »Sind die denn von allen guten Geistern verlassen?«

»Was soll ich denn jetzt machen?«, jammerte Katrin. »Die können mir doch nicht Sarah wegnehmen.«

»Eher bringe ich die ganze Mischpoke um«, antwortete Guntram und seine Stimme klang hart. »Was bilden die sich eigentlich ein. Die glauben doch wohl nicht allen Ernstes, dass sie ein Anrecht darauf haben, Sarah zu sehen.«

»Aber er sind faktisch ihr Großvater und Osterkamps Geschwister, Onkel und Tanten«, sagte Katrin und schnäuzte sich.

»Das interessiert mich einen Scheißdreck. Sie haben ein Dreckschwein in der Familie, der eine wehrlose Frau vergewaltigt hat. Punkt. Mach dir keine Sorgen, ich werde das in die Hand nehmen. Du wirst nie wieder etwas von diesem Pack hören.«

Er knüllte den Brief zusammen und stopfte ihn sich samt Umschlag in die Hosentasche.

»Danke«, flüsterte Katrin.

»Warum hast du denn nicht eher was gesagt? Mein Gott, das muss ja wirklich quälend gewesen sein. Wann ist der Brief überhaupt gekommen?«

»Vor ungefähr einer Woche. Ich hab seitdem kaum noch geschlafen.«

Guntram lehnte sich zu ihr herüber und nahm sie in den Arm. »Mach das nie mehr, hörst du, quäl dich nie wieder alleine mit so etwas herum. Wofür bin ich denn da?« Durch diese Haltung konnte er vor ihr verbergen, dass auch ihm die Tränen in den Augen standen.

»Wo ist eigentlich Sarah?«, fragte Katrin in die Stille hinein.

»Sicher ist sie mit Whisky im Wohnzimmer und nimmt da gerade die Möbel auseinander.«

Katrin musste lachen. »Ich liebe dich«, sagte sie und ihre Stimme zitterte.

»Ich liebe dich auch«, erwiderte er. »Du musst mir immer alles sagen, was dich quält, versprich mir das.«

Sie nickte und dann standen beide auf, um nach Sarah zu sehen.

Schließlich verließ Guntram mit Whisky vor Katrin die Wohnung, weil sie auf das Kindermädchen warten wollte, um dann nachzukommen.

Auf der Fahrt zur Dienststelle rief er sich die Ermittlung auf Borkum wieder in Erinnerung. Damals hatten sie gemeinsam mit der Kollegin Eva Sturm von Langeoog und Jan Krömer aus Aurich den Täter zur Strecke gebracht, bei dem sich auf den zweiten Blick herausstellte, dass es sich um einen Kollegen aus der Technik in Osnabrück handelte, der sowohl Katrin als auch Eva Sturm und Lisa Berthold, der Partnerin von Jan Krömer, heimlich nachgestellt und sie bedroht hatte mit anonymen Anrufen oder Briefen. Und bei Katrin war er soweit gegangen, sie mit K.-O.-Tropfen bewusstlos zu machen und dann zu vergewaltigen. Seine Hände krallten sich um den Lenker vor Wut. Osterkamp saß jetzt dort, wo er hingehörte, nämlich hinter Gittern. Und sein Vater erdreistete sich doch tatsächlich nun, Sarah sehen zu wollen. Das Kind, das aus dieser brutalen Aktion seines Sohnes entstanden war. Katrin hatte lange damit zu kämpfen gehabt, ob sie dieses Kind überhaupt austragen wollte. Sie hatte sich für Sarah entschieden und bereute es keinen einzigen Tag. Es hätte alles gut werden können, selbst nach so einer Sache. Wenn nicht diese herz- oder auch hirnlosen Verwandten diesen verdammten Brief geschrieben hätten. Guntram nahm sich vor, bei nächster Gelegenheit nach Osnabrück zu fahren. Solche Dinge musste man persönlich in die Hand nehmen.

Als er ins Büro kam, warteten Mathias und Tina bereits auf ihn. Der Bericht von Piepwitz war schon da, weil ziemlich schnell klar war, dass Benjamin Feldmann sich selbst das Leben genommen hatte. Nur das Warum stand noch im Raum.

»Glaubst du, dass er der Mörder von Antje ist?«, fragte Tina, als ihr Vater sich zu ihr an den Schreibtisch gesetzt hatte.

»Das werden wir sicher bald wissen«, antwortete Guntram, obwohl er sich da gar nicht so sicher war. Jetzt stand die DNA-Analyse an, um nachzuweisen, ob irgendetwas von Feldmann auf den Sachen, in den Haaren oder der Haut von Antje zu finden war.

»Aber du denkst, dass er es war, oder?«

Guntram zuckte mit den Schultern. Am liebsten wäre es ihm ja gewesen, wenn dem so war. Das würde ihm die Schuldgefühlte von den Schultern nehmen. Immer mehr tat sich da ein schwarzes Loch in seinem Kopf auf, dass er Feldmann, egal was für ein Schwein er auch gewesen sein mochte, in den Tod getrieben hatte mit seinen penetranten Fragen.

»Auch wenn er es nicht war, bist du nicht schuld an seinem Tod«, sagte Tina sanft, die wohl so langsam einen sechsten Sinn dafür entwickelte, was ihr Vater fühlte und dachte.

»Ähm ...«, mischte sich jetzt Mathias ein, dem die Gefühlsduselei so langsam auf die Nerven ging. »Was machen wir denn jetzt? Weiter ermitteln oder den abschließenden Bericht der Spusi abwarten?«

Guntram fühlte sich ertappt und räusperte sich. »Tja, ich würde sagen, wir können die Hände jetzt nicht in den Schoß legen. Noch ist nichts sicher. Was schlägst du vor, was wir tun sollten?«

»Hm, ich könnte nochmal bei den Nachbarn klingeln. Alle habe ich bisher nämlich nicht erreicht. Manche sind auswärts am arbeiten, oder sonst wie nicht erreichbar gewesen.«

»Gut. Dann mach das. Tina, willst du mitgehen?«

»Klar«, antwortete sie sofort. »Aber ich könnte auch nochmal zu den Fußballmädchen gehen.«

»Und was sollte das bringen?«, fragte Guntram. Für ihn war das Thema Mädchen und Fußball längst abgehakt.

»Ich weiß nicht. Aber es ist doch klar, dass sie in großer Runde nicht so viel sagen. Eigentlich haben sie doch gar nichts gesagt, als wir da waren, wenn man es genau nimmt.«

»Hm ... ja, von mir aus geh ruhig nochmal zu ihnen«, gab Guntram nach.

Tina schnappte sich ihre Jacke und verließ das Büro.

»Willst du mit zu den Blocks?«, fragte Mathias.

Guntram schüttelte mit dem Kopf. »Nein, ich muss mich um etwas anderes kümmern.«

»Ach ja?«

Sollte er seinem Kollegen von der Sache mit dem Brief an Katrin erzählen? Nein, besser nicht. Das musste er wirklich ihr überlassen.

»Ja, nichts Wichtiges. Geh du ruhig alleine, du schaffst das schon.«

Mathias zog die Stirn kraus. Er wusste, dass da wieder etwas im Busch war und er wie immer außen vor blieb. Er hatte sich ja schon damit abgefunden, dass Guntram und Katrin ein ganz besonderes Verhältnis zueinander hatten. Und zwar von Anfang an, seitdem sie zusammengearbeitet hatten. Doch seitdem sie zusammen waren, wurden sie immer komischer.

»Na gut, dann bis später«, sagte er und ging ebenfalls aus dem Büro.

Nach Osnabrück würde er keine zwei Stunden brauchen, dachte Guntram, als er den Rechner nach der

Adresse von Johannes Osterkamp durchsuchte. In dem Brief hatte am Ende nur eine Handynummer gestanden, die Katrin doch bitte anrufen solle. Sicher gehörte sie einem der Geschwister. Doch er dachte gar nicht daran, dort anzurufen. Er wollte dem sogenannten Großvater in die Augen sehen, wenn er ihm ein für alle Mal klarmachte, dass die feine Familie Osterkamp Katrin in Ruhe lassen sollte. Und zwar für immer, wenn ihnen was an einem ruhigen Leben lag. Ihm war klar, dass er sich hier völlig irrational verhielt. Er fragte sich, wie weit er zu gehen bereit sein würde, um Katrin die Osterkamps vom Hals zu halten. Das Ergebnis machte ihm Angst. Er wusste, er würde alles tun. Selbst, wenn man ihn dafür selber einsperrte. Wieder ballte er die Fäuste, als er auf die Adresse starrte. Es war noch früh am Vormittag. Bis Katrin kam, konnte es nicht mehr lange dauern. Und er wollte schon weg sein, wenn sie eintraf, damit sie ihn nicht von der Fahrt nach Osnabrück abhalten konnte. Er machte den Rechner aus und ging zum Wagen.

In Osnabrück

Guntram hatte sein Telefon auf lautlos gestellt und fuhr Bleifuß. Nur von ganz weit weg sah er die anderen Wagen an sich vorbeirauschen.

Dann stand er vor dem Haus von Johannes Osterkamp. Es war ein weißes Haus mit einem gepflegten Vorgarten. Die vielen bunten Blüten wiesen darauf hin, dass hier auch eine Frau lebte. Vermutlich hatte Johannes Osterkamp ein zweites Mal geheiratet. Der Tod seiner Frau war ja auch schon viele Jahre her. Guntram wusste nicht, ob Johannes Osterkamp wusste, dass sein eigener Sohn seine Frau ermordet hatte. Mit einem Kissen erstickt, als er noch ein Teenager war. Das hatte er in dem Verhör mit Jan Krömer gestanden. Dieser hatte es ihm nur im Vertrauen erzählt. Nicht einmal Katrin wusste davon. Und ganz bestimmt wusste Osterkamp nichts davon. Und wenn es nötig war, dann würde er es ihm hier und jetzt erzählen.

Er stieg aus dem Wagen und lief den in leichtem Bogen zum Haus führenden Steinweg entlang, bis er vor der Tür stand. Er drückte auf die Klingel. Wie angenommen öffnete eine Frau in einem roten Kleid und einer bunten Schürze und sah ihn offen und herzlich an, als sie den fremden Mann vor ihrer Tür begrüßte.

»Guntram, Polizei Leer«, kam er gleich zur Sache. »Ich müsste mit Johannes Osterkamp sprechen.«

Ihr Gesicht bekam augenblicklich einen ängstlichen Zug um die Mundwinkel. »Polizei aus Leer«, wiederholte sie. »Worum geht es denn?«

»Das würde ich gerne persönlich mit Ihrem Mann, wie ich annehme, besprechen. Tut mir leid, dass ich nicht mehr dazu sagen kann.« Sie hatte es nicht verdient, dass er auch sie mies behandelte. Vermutlich wusste sie von alldem nichts.

»Ja sicher«, sagte sie, als sie aus dem ersten Schreck in die Realität zurückkehrte. »Er ist im Wintergarten und liest. Ich führe Sie gerne zu ihm.«

Guntram folgte ihr durch einen stilvoll eingerichteten Flur in ein Wohnzimmer bis schließlich in den Wintergarten, der durch zwei große Flügeltüren zu erreichen war. Der Raum war mit vielen Grünpflanzen vollgestellt, die sich der Sonne entgegenreckten, die durch das Glasdach wie in einem Tropfen auf den hellen Fliesenboden fiel. Der kleine Mann, den Guntram erst entdeckte, als er die Augen zu kleinen Schlitzen zusammenkniff, wirkte wie ein Gast in der üppigen Natur. Als seine Frau den Fremden hereinführte, sah er auf und schob die Lesebrille etwas tiefer auf die Nase und sah Guntram neugierig an. Er wirkte freundlich, genau wie seine Frau. Das ärgerte Guntram. Hatte er sich doch schon seine Schimpf- und Drohtiraden haarklein auf der Fahrt hierher zurechtgelegt.

»Das ist ein Polizist aus Leer«, sagte die Dame des Hauses. »Er möchte dich gerne sprechen.«

Augenblicklich verhärtete sich das Gesicht von Johannes Osterkamp. »Dann lass uns doch bitte einen Moment alleine, Liebes. Vielleicht möchte der Herr ja auch einen Kaffee.«

»Aber sicher, Schatz«, erwiderte sie, ohne weitere Fragen zu stellen und verschwand in der Küche.

»Setzen Sie sich«, sagte Osterkamp, als sie alleine waren, und wies auf einen Stuhl, der ihm gegenüberstand.

»Sie wissen, warum ich hier bin«, sagte Guntram mit bedrohlichem Bass in der Stimme.

»Es geht um Sarah, nehme ich an.«

Dieses Dreckschwein sollte nicht ihren Namen in den Mund nehmen, dachte Guntram und blieb lieber stehen.

»Sie haben meiner Kollegin einen Brief geschrieben«, fuhr er hart fort. »Und ich denke, es ist besser, wenn ich Ihnen gleich sage, wie die Sache liegt. Sie werden sich von meiner Kollegin und ihrem Kind fernhalten. Und zwar für immer.«

»Aber Sarah ist meine Enkelin«, sagte Osterkamp und erhob sich jetzt ebenfalls von seinem Stuhl. Er war mindestens anderthalb Köpfe kleiner als Guntram und sah zu ihm auf.

»Das sollten sie sich lieber abschminken«, blaffte Guntram. »Sie haben nichts, aber auch wirklich gar nichts mit dem Kind zu tun.«

»Aber mein Sohn ist der Vater von Sarah. Das sollten Sie doch auch wissen.«

»Oh nein, er ist nicht der Vater. Er ist ein gemeiner und brutaler Mörder und Vergewaltiger. Das ist ein verdammt gewaltiger Unterschied.«

Osterkamp kniff die Augen zusammen. »Ich weiß, dass mein Sohn jemanden ermordet hat, oh ja, das weiß ich. Und er hat mir immer wieder beteuert, dass es ein Unfall gewesen ist. Und er wird dafür seine Strafe absitzen und dann wieder auf freien Fuß kommen. Aber eines ist mein Sohn ganz bestimmt nicht, nämlich jemand, der Frauen etwas antut.«

»Ach ja? Woher wissen Sie das denn so genau?« Guntram baute sich vor Osterkamp auf und stemmte die Hände in die Seiten.

Der alte Mann wich keinen Zentimeter zurück.

»Er hat mir davon erzählt, wie diese Polizistin ihm den Kopf verdreht hat. Und als es dann passiert war, da hat sie ihn eiskalt abserviert und erst später hat er überhaupt davon erfahren, dass sie sein Kind bekommen hat. So etwas tut man doch nicht als Frau. Das ist schändlich ... dem Vater sein eigenes Kind vorenthalten.«

In Guntram tobte ein Vulkan. Am liebsten hätte er diesen kleinen Wicht vor sich an den Schultern gepackt und durch die Grünpflanzen hindurch durch das Fensterglas geschleudert. Die ganze Wut, die er schon seitdem mit sich herumtrug, seitdem sie Frank Osterkamp auf Borkum festgenommen hatten, kam wieder an die Oberfläche.

»Ich korrigiere mich«, presste Guntram zwischen den Zähnen hervor. »Ihr Sohn ist ein brutaler Mörder, Vergewaltiger und ein beschissener Lügner. Nichts von dem, was er Ihnen über meine Kollegin gesagt, entspricht der Wahrheit. Und ich bin heute hier, damit Sie meine Kollegin in Ruhe lassen. Sie und ihre anderen Kinder.«

Bevor Johannes Osterkamp etwas erwidern konnte, kam seine Frau wieder in den Raum. Sie trug ein Tablett mit Tassen und einem Teller mit Keksen und blieb wie erstarrt stehen, als sie die beiden Männer, die sich wie Kampfhähne gegenüberstanden, in den harmonischen Grüntönen stehen sah.

»Jetzt nicht«, sagte Osterkamp und sie machte auf der Stelle kehrt.

»Weiß Ihre Frau eigentlich, was sie da für einen miesen Stiefsohn hat?«, griff Guntram den Faden auf.

»Marianne weiß alles, natürlich, weiß sie es. Auch Sie möchte Sarah gerne kennenlernen, schließlich gehört das Mädchen zu unserer Familie.«

Am liebsten hätte Guntram ihm jetzt die Familie aus dem Hirn geprügelt. Doch er wusste auch, dass dieser kleine Wicht da vor ihm nur das wiedergab, was sein Sohn ihm vorgelogen hatte. Aber wie sollte er es anstellen, dass er endlich einsah, was sein Sohn für ein Schwein war? Sicher half es nicht weiter, wenn er ihm jetzt die Fresse polierte. Leider. Das sollte er sich für den Tag aufsparen, wenn Frank Osterkamp wieder aus dem Gefängnis kam und sich tatsächlich trauen sollte, bei Katrin aufzukreuzen.

»Hören Sie«, sagte Guntram und ließ die überflüssige Luft aus seinem Brustkorb durch den Mund raus. »Vielleicht sollten wir uns tatsächlich setzen, damit ich Sie besser überzeugen kann.«

»Ich halte in der Tat auch mehr von zivilisierter Konversation«, entgegnete Johannes Osterkamp und sie setzten sich in die weichen Korbmöbel.

»Gut«, begann Guntram. »Ich möchte die Sache so leicht wie möglich für Sie machen. Es ist ganz einfach, wenn Sie nur für einen Moment nicht die Augen vor der Wahrheit verschließen.«

Johannes Osterkamp sah ihn interessiert an und sagte nichts.

»Ich kenne meine Kollegin seit vielen Jahren«, begann Guntram, »und wenn sie mir sagt, dass sie vergewaltigt worden ist, und zwar von Ihrem Sohn, dann entspricht das den Tatsachen.«

Johannes Osterkamp wich seinem Blick nicht aus. Blieb aber weiter stumm.

»Sie wissen, zu welchen Taten Ihr Sohn fähig ist«, fuhr Guntram fort. »Er hat seinen Kollegen aus Osnabrück ermordet. Er hat meine Kollegin vergewaltigt und er hat …«. Jetzt stoppte Guntram. Vielleicht war es noch so früh, sein letztes Pfund in die Waagschale zu werfen.

»Er hat was?«, fragte Osterkamp jetzt, als ihm die Pause zu lang wurde.

»Das spielt im Moment keine Rolle. Es reicht doch wohl, was sich auf Borkum zugetragen hat, damit Sie verstehen, dass es unmöglich ist, dass Sie oder jemand anderes aus ihrer Familie, jemals Kontakt zu meiner Kollegin und ihrer Tochter aufnehmen wird. Sie können mir glauben, wenn ich Ihnen sage, dass es für meine Kollegin sehr schwer gewesen ist, das Kind überhaupt auszutragen.«

Guntram vermied es absichtlich, Katrins Namen ins Spiel zu bringen. Doch wenn es sein musste, dann würde er auch das tun.

Osterkamp machte ein bedrücktes Gesicht. Es schien, als würde er erst jetzt begreifen, was sein Sohn ihm alles verschwiegen hatte, obwohl er es in seinem tiefsten Inneren bereits längst geahnt hatte. Seine Augen wurden glasig.

»Ich weiß, dass viel falsch gelaufen ist bei Frank«, sagte er und seine Stimme klang wie aus weiter Ferne. »Er war schon immer anders als andere Kinder. Doch niemals hätten meine damalige Frau, die leider verstorben ist, niemals hätten wir geglaubt, dass er einmal einem anderen Menschen so etwas Schreckliches antun könnte. Es ist gut, dass sie das nicht mehr miterleben musste. Wissen Sie, sie ist an einem schwachen Herzen gestorben, da war Frank noch ein Teenager.«

Tja, und ob ich das weiß. Und wenn du nicht nachgibst, alter Mann, dann wirst du auch noch mit der letzten schrecklichen Wahrheit in deinem Leben klarkommen müssen, dass dein missratener Sohn auch seine eigene Mutter umgebracht hat.

»Das ist bestimmt eine große Erleichterung für Sie«, sagte Guntram, »dass Ihre Frau das nicht miterleben musste.«

»Oh ja, das ist es. Eine Mutter leidet doch um ein Vielfaches mehr, wenn es den Kindern nicht gutgeht.«

Dass ich nicht lache, dachte Guntram. Der alte Mann wusste offensichtlich rein gar nichts von dem, was sich unter seinem Dach vor vielen Jahren abgespielt hatte. Die ach so feine Mutter hatte ihren eigenen Sohn missbraucht. Und schließlich hatte dieser keinen anderen Ausweg mehr gesehen, als sie umzubringen. Feine Familie. Doch wenn es sein musste, dann würde er auch den letzten Nagel in das gebrochene Herz dieses Mannes vor ihm einschlagen.

»Hören Sie«, versuchte es Guntram ein letztes Mal in Güte. »Sie haben völlig recht, dass es einer Mutter das Herz bricht, wenn es ihrem Kind nicht gutgeht. Wenn ihm weh getan wird. Und genau aus diesem Grund bin ich heute hier um Sie zu bitten, der kleinen Sarah die Wahrheit zu ersparen, was Ihr Erzeuger für ein …«. Sollte er jetzt wirklich Schwein und Monster sagen? »Nun ja, sagen wir es mal so, es gibt Väter, von denen hätte man im Leben lieber nie erfahren. Ich hoffe, Sie verstehen, was ich meine.«

Johannes Osterkamp sah ihn lange schweigend an. Dann endlich nickte er.

»Ich glaube, Sie haben recht. Wir werden Ihre Kollegin nicht mehr behelligen, ich meine, meine Kinder und ich.

Vielleicht ist es wirklich besser so für Sarah. Denn nur für sie möchte ich das Beste, das verstehen Sie sicher.«

»Natürlich«, sagte Guntram schnell. Endlich hatte er den Alten am Haken. Er klopfte sich selber für seine Redekünste auf die Schulter. »Alles bleibt für Sie hier, wie es jetzt ist. Sie haben eine wundervolle Frau, ein paar nette Kinder und eben einen missratenen Sohn. Aber so ist es nun einmal. Alles sollte so bleiben, wie es ist. Und sie alle hier lassen meine Kollegin in Ruhe. Dann wird es auch in Zukunft so für Sie weitergehen. Sind wir uns einig?«

Irgendwie hatte Johannes Osterkamp wohl verstanden, dass es da noch eine andere Sache gab, von der er lieber nichts wissen wollte. Es war da etwas in den Augen des Ermittlers, der ihn so eindringlich bearbeitet hatte. Und manchmal war es wirklich besser, wenn man nicht alles erfuhr.

»Sie haben mein Wort, Herr Kommissar, Sie beziehungsweise Ihre Kollegin werden nie wieder etwas von uns hören.«

Guntram nickte und reichte ihm die Hand. Johannes Osterkamp schlug ein. Dann rief er nach seiner Frau, dass Sie jetzt den Kaffee bringen könnte.

Und ich bin ganz tief im Herzen doch der Alte geblieben, dachte Guntram zufrieden, als er später den Wagen startete und lächelnd in Richtung Leer fuhr.

Und doch war alles ganz anders?

Erst unterwegs auf der Autobahn hatte Guntram wieder auf sein Handy gesehen. Katrin hatte ihn dreimal angerufen und Nachrichten hinterlassen. Wo er eigentlich sei? Warum man sie nicht informierte, was Mathias und Tina machten und sie letztendlich alleine in der Dienststelle saß und nicht wusste, was abging. Beim letzten Anruf hatte sie ziemlich wütend geklungen.

Er drückte die Rückruftaste und wartete.

»Jochen? Wo um Gottes willen steckst du?«

Sie hielt sich nicht mit Begrüßungsfloskeln auf.

»Auf dem Rückweg nach Leer«, sagte er. »Noch eine gute halbe Stunde, dann bin ich wieder da.«

»Und wo warst du?«

»In Osnabrück.«

Plötzlich wurde es still am anderen Ende. Sie schien zu begreifen, wo er gewesen war. Nein, sie wusste es mit einem Schlag, das war ihm klar.

»Es ist alles in Ordnung«, sagte er deshalb schnell. »Du und Sarah, ihr habt nichts mehr zu befürchten von der Seite aus.«

Er hörte, wie sie am anderen Ende schluckte.

»Lass uns reden, wenn ich wieder da bin. Okay?«

»Ja«, sagte sie. Er hörte ein Schluchzen, bevor sie auflegte.

Nach einer weiteren rasanten Fahrtstrecke, in der er das Gaspedal durchtrat, kam er endlich wieder in Leer auf dem Parkplatz der Dienststelle an.

Als er ausstieg, kam Katrin ihm schon entgegen.

»Die anderen beiden müssen nichts von der Sache wissen«, sagte sie, als sie ihm um den Hals fiel.

»Schon gut. Wir sagen nichts.«

»Danke, dass du das getan hast.«

»Lass uns reingehen, bevor wir noch unnötig Aufmerksamkeit erregen und andere dumme Fragen stellen.«

Sie gingen wieder in die Dienststelle.

Tina war bereits zurück.

»Und hat deine Befragung bei den Fußballmädchen etwas Neues ergeben«, fragte Guntram, als sie das Büro betraten.

»Na ja«, sagte Tina. »Wie man's nimmt. Mit einigen konnte ich am Spielfeldrand sprechen, ohne dass die Trainerin etwas mitbekommen hätte. Sie alle mochten Antje sehr und vermissen sie. Das Einzige, was sie überhaupt negativ geäußert haben war, dass Antjes Mutter nicht ein einziges Mal bei einem Spiel dabei war. Das fanden sie sehr schade.«

»He, nicht jeder interessiert sich für Fußball«, wandte Guntram ein, dem klar war, dass er selber auch niemals bei nur einer Veranstaltung seiner Kinder gewesen war. Er wusste ja damals nicht einmal genau, was sie eigentlich in ihrer Freizeit machten.

»Das stimmt schon«, gab Tina zu, die sich offensichtlich auch gerade an eine etwas unschönere Zeit mit ihrem Vater zurückerinnerte. »Doch sie hätte ja wenigstens einmal zu einem Spiel kommen können. Immerhin war ihre Tochter ziemlich gut und sogar Mannschaftskapitänin. Und der Vater war bei fast jedem Spiel dabei und sogar auch oft beim Training.«

»Du hast ja recht. Doch man kann Eltern nicht dazu zwingen, wenn sie nicht wollen.«

»Ich weiß …«.

Dabei ließen sie es bewenden.

Katrin hatte während des Gesprächs von einem zum anderen gesehen und sich ihren Teil gedacht.

Die Tür ging auf und auch Mathias kehrte in die Dienststelle zurück. Mittlerweile war es früher Nachmittag.

»He, hoffentlich bringst du uns gute Neuigkeiten mit«, begrüßte ihn Guntram, erleichtert darüber, dass er jetzt das Thema wechseln konnte.

»Oh, ich denke schon«, sagte Mathias verschwörerisch und setzte sich auf seinen Bürostuhl. »Ihr habt ja keine Ahnung, wer uns da nach Strich und Faden belogen hat.«

»Die Mutter«, sagte Tina sofort, die es immer noch nicht verwinden konnte, dass diese ihre Tochter so im Stich gelassen hatte.

»Fast richtig, aber nicht ganz«, ließ Mathias sie am langen Arm zappeln.

»Dann bleibt wohl nur noch die heruntergekommene Nachbarin aus dem Nebenblock, die Mutter von Tomke«, meinte Katrin.

»Ganz kalt«, sagte Mathias und erntete einen bösen Blick von Guntram. »Okay okay, ich sag's ja schon. Es ist Antjes Vater.«

»Ach ja?«, raunte Guntram. »Und worüber hat er uns die Wahrheit verschwiegen?«

»Er war nicht zuhause an dem besagten Sonntagmorgen, als man Antje auf dem Spielplatz gefunden hat.«

»Und wo war er dann?«

Mathias wollte gerade wieder zu einem heiteren Polizeiquiz aufrufen, als er sich doch eines besseren besann, als er Guntram Blick einfing.

»Er war bei Tomkes Mutter.«

»Mach keinen Scheiß«, brummte Guntram. »Warum erfahren wir das erst jetzt?«

»Weil ich die Frau, die ihn an diesem Sonntagmorgen aus dem Block hat kommen sehen, erst heute in ihrer Wohnung erwischt habe.«

»Also war es gut, dass du dich dort noch einmal umgehört hast …«.

»Kann man so sagen. Die Frau, sie heißt Jutta Bollmann, ist vierunddreißig und arbeitet viel auswärts im Tourismusgewerbe, sie hat gesehen, dass der Weber erst kurz, nachdem man Antje gefunden hatte, aus Block 7 gekommen ist.«

»Das ist ja ein Ding. Und woher weiß sie, dass er bei Tomkes Mutter war?«, fragte Katrin.

»Weil die beiden ein Verhältnis hatten. Sie meinte, dass das im Prinzip jeder, der es wissen wollte, auch gewusst hat oder gewusst haben kann.«

»Aber niemand hat etwas in der Richtung erwähnt bisher …«. Katrin runzelte die Stirn, hinter der es sichtlich arbeitete. Wieso war ihnen dieses nicht gerade unerhebliche Detail bisher entgangen?

»Das ist doch oft so, jeder weiß es, aber alle haben geschwiegen. Man weiß ja auch nie, ob das wirklich wichtig ist. Und in Anbetracht der Tatsache, dass die Tochter ermordet wurde, wollte man Marion Weber vielleicht auch noch die Wahrheit über die Untreue ihres Ehemannes ersparen«, antwortete Mathias.

»Wer sagt uns denn, dass sie nichts darüber gewusst hat?«, fragte Guntram jetzt. »Ich werde sofort zu den Webers fahren. Katrin, kommst du mit?«

»Sicher.«

Die beiden gingen zum Wagen.

Marion Weber öffnete nach dreimaligem Klingeln die Tür. Sie war alleine zuhause und hatte offensichtlich geschlafen. Jedenfalls zeugten ihre ungekämmt wirkenden Haare und der Jogginganzug nicht davon, dass sie bereits wieder mitten im Leben stand.

Sie erkannte die Beamten sofort.

»Dürfen wir reinkommen?«, fragte Katrin.

Marion Weber nickte und führte sie in die Küche, in der sich schmutziges Geschirr in der Spüle stapelte.

Sie fragt nicht einmal danach, warum wir überhaupt da sind, dachte Guntram. Und offensichtlich interessierte es sie auch nicht, ob sie den Täter gefasst hatten. Denn auch dadurch würde sie ihre Tochter Antje nicht zurückbekommen.

»Ist Ihr Mann wieder zur Arbeit gegangen?«, fragte Katrin, um das Gespräch in Gang zu bringen.

Marion Weber nickte. »Es nützt ja nichts. Es muss ja irgendwie weitergehen.«

»Da haben Sie sicher recht«, meinte Guntram. »Irgendwie muss es immer weitergehen. Auch wenn es verdammt schwer ist.«

Sie sah ihn mit großen Augen an.

»Warum sind Sie hier? Doch bestimmt nicht, um mir Mut zuzusprechen.«

Er schüttelte mit dem Kopf.

»Es gibt da etwas, das wir Sie fragen müssen«, begann er. »Es gibt eine Zeugin, die gesehen haben will, wie ihr Mann aus einer anderen Wohnung gekommen ist, an dem besagten Morgen, als man Antje fand.«

Ihre Augen verengten sich jetzt und sie sah die beiden lauernd an.

»Was genau wollen Sie mir damit sagen, Herr Kommissar? Etwa, dass ich gelogen habe?«

Es schien sie gar nicht zu interessieren, wo ihr Mann gewesen sein könnte, registrierte er. Es ging ihr nur um sich selber.

»Haben Sie denn gelogen, als wir Sie befragt haben, wo Sie und ihr Mann waren, als man Antje fand?«

Heftig schüttelte sie jetzt den Kopf. »Ich habe nicht gelogen. Wir waren hier in der Wohnung. Wir haben auf Antje gewartet, die jeden Moment nach Hause kommen musste …«. Ihre Hände krallten sich ineinander und wurden weiß, weil das Blut unter dem Druck entwich.

»Das ist das, was Sie beide, Ihr Mann und Sie, bisher ausgesagt haben«, meinte Katrin. »Doch es gibt eine Zeugin, die gesehen haben will, dass Ihr Mann genau zu dem Zeitpunkt aus einem Nachbargebäude gekommen ist. Und zwar zu einer Zeit, als man Antje bereits gefunden hatte.«

»Das ist gelogen«, zischte Marion Weber. »Wer ist diese Frau überhaupt? Vielleicht will Sie uns ja schaden und uns in Verruf bringen. Es gibt hier viele, die sich über andere den ganzen Tag das Maul aus lauter Langeweile zerreißen.«

»Oh, Langeweile steckt sicher nicht dahinter«, meinte Guntram. »Es ist eine vielbeschäftigte Frau, die viel unterwegs ist, die Ihren Mann gesehen haben will. Und deshalb haben wir auch erst jetzt davon erfahren.«

»Und dass diese Frau gelogen hat, das schließen Sie dann wohl von vornherein aus?« Marion Webers Stimme klang wütend.

»Warum sollte diese Frau lügen?«

»Warum sollte ich denn lügen?«

Tja, das frage ich mich auch, dachte Guntram.

»Vielleicht, um Ihren Mann zu schützen?«

Marion Weber griff nach einer Schachtel Zigaretten, die auf dem Tisch lag, und zündete sich eine an. Der Aschenbecher, der auf dem Tisch stand, quoll bereits über von Kippen und verbreitete einen unangenehmen Geruch.

»Es gibt keinen Grund, warum ich lügen sollte«, sagte sie und blies den Rauch geräuschvoll aus.

»Nach Aussage der Zeugin hatte Ihr Mann mit einer anderen Frau ein Verhältnis«, sagte Katrin. »Und vielleicht ist es das, warum Sie uns verschwiegen haben, dass Ihr Mann an diesem Sonntagmorgen nicht zuhause war. Es ist nie leicht, wenn man vom eigenen Ehemann betrogen wird. Und dann kam noch der Tod Ihrer Tochter hinzu.«

»Sie haben ja keine Ahnung, wie sehr ich meine Tochter geliebt habe«, sagte Marion Weber und sah durch den aufsteigenden Rauch ihrer Zigarette ins Leere. »Am liebsten wäre ich mit ihr gestorben, das können Sie mir glauben. Und mein Mann war an diesem Morgen hier bei mir in der Wohnung. Es ist mir egal, was Ihre feine Zeugin da an schmutzigen Lügen über meinen Mann erfindet. Vielleicht sollten Sie sie mal fragen, warum sie das tut, anstatt mich hier als Lügnerin hinzustellen. Ich habe meine Tochter verloren. Mein Leben ist sinnlos. Da müssen Sie mir nicht auch noch meinen Mann schlechtreden.«

Sie drückte die Zigarette aus und erhob sich von ihrem Stuhl.

»Wenn das dann alles war, dann möchte ich mich gerne wieder hinlegen, ich habe wahnsinnige Kopfschmerzen.« Sie griff nach einer Tablettenschachtel auf der Spüle und ließ Wasser in ein Glas laufen.

»Was hältst du von der Sache?«, fragte Katrin, als sie wieder draußen vor dem Haus standen.

»Ich denke, sie lügt uns an«, meinte Guntram.

»Du meinst, sie wusste von dem Verhältnis?«

»Vielleicht. Aber ich bin mir sicher, dass Ihr Mann an dem Morgen, als Antje starb, nicht in der Wohnung war. Und vielleicht lügt sie uns an, weil er seine eigene Tochter auf dem Gewissen hat.«

Katrin sah zu dem Spielplatz, auf dem nicht ein Kind spielte. Kein Wunder, nach dem, was dort passiert war, hielten die Mütter ihre Kinder sicher davon fern. Sie setzte sich in Richtung Spielplatz in Bewegung und Guntram folgte ihr.

»Auf dieser Schaukel hat sie gesessen«, sagte Katrin mehr zu sich selbst. »Und niemand hat etwas gesehen.

Und so nach und nach gibt es immer mehr Aussagen, Antje Vater hatte etwas mit Tomkes Mutter und Antjes Mutter lügt uns an. Was ist eigentlich hier los hinter all diesen Mauern?« Sie ließ ihren Blick in die Runde schweifen.

»Es gibt vieles, was man nicht weiß. Oder auch gar nicht wissen will«, meinte Guntram und folgte mit seinen Augen ihrem Blick.

»Du meinst, es war Marion Weber egal, dass Ihr Mann sie betrog?«

»Schon möglich. Schließlich waren sie schon länger verheiratet. Vielleicht gefiel ihr das Leben als Mutter. Sie ging darin auf, sich um ihre Tochter zu sorgen. Man darf nicht vergessen, dass sie selber nicht berufstätig war. Sie war von ihrem Mann abhängig. Und wenn dieser sich herumtrieb, so war das für sie vielleicht kein ausreichender Grund dafür, sich in die Ungewissheit zu begeben, aus ihrem sicheren Nest zu flüchten.«

»Ja, das könnte sein. Rainer Weber versorgte sie und ihre Tochter und so ließ sie ihm die lange Leine. Für euch Männer ist immer alles so praktisch«, sagte Katrin bitter.

»He, das ist jetzt unfair. Ich ...«.

»Schon gut. Es tut mir leid. Es ist nur so eine undefinierbare Wut in mir, wenn es um solche Sachen geht. Ich finde, ein Mann sollte seine Frau nicht betrügen.

Dann kann er auch doch auch klare Verhältnisse schaffen, wenn er seine Frau nicht mehr liebt.«

»Sorry, aber eine Ehe hat nicht nur etwas mit Liebe zu tun.«

»Was?«

»Du sagtest doch eben selber, dass die Versorgung für sie im Vordergrund gestanden hat.«

»Ach, das ist dann also die Entschuldigung für alles. Männer.«

Wie hatte es nur wieder zu diesem Schwenk kommen können?, fragte sich Guntram. Wie man's machte, machte man's verkehrt.

»Merkst du eigentlich, was für eine blöde Unterhaltung wir hier führen?«, fragte er schließlich, weil er wirklich die Nase voll hatte von unterschwelligen Verdächtigungen und Angriffen.

Erst sah Katrin ihn erschrocken an, dann zuckte es um ihre Mundwinkel.

»Ja, du hast recht. Total blöd und bescheuert. Tut mir leid.«

»Entschuldige dich nicht andauernd für deine Gefühle«, sagte er. »Doch wir müssen jetzt langsam wieder sachlich werden, finde ich.«

»Sicher. Also, sachlich betrachtet glaube ich, dass Marion Weber ihrem Mann ein falsches Alibi für die

Tatzeit verschafft hat. Und zwar nicht, weil sie etwas von einem Verhältnis wusste, sondern weil sie ihren Mann verdächtigt hat, ihre eigene Tochter ermordet zu haben. War das jetzt sachlich genug?«

Sie lächelte.

Gott sei Dank.

»Du könntest recht haben«, erwiderte er. »Und verdammte Scheiße, wir sollten jetzt umgehend mit Rainer Weber sprechen. Wissen wir, wo er arbeitet?«

Katrin rief Mathias in der Dienststelle an.

»Er ist bei der Eisengießerei in der Groninger Straße beschäftigt«, sagte sie und sie gingen zum Wagen.

Der trauernde Vater

Knappe zehn Minuten später saßen Katrin und Guntram mit Rainer Weber im Frühstücksraum der Firma.

»Das wird meinen Chef nicht gerade freuen, dass ich hier Besuch von der Polizei bekomme«, sagte Rainer Weber, nachdem er nur widerwillig seinen Arbeitsplatz verlassen hatte.

»Er wird es verstehen, wenn er dazu beitragen kann, einen Mord an einem kleinen unschuldigen Mädchen aufzuklären«, antwortete Guntram grob.

»Sie haben den Täter von Antje gefasst?«, fragte Rainer Weber jetzt schon gelöster.

»Leider noch nicht ganz«, meinte Guntram.

»Es gibt eine Zeugenaussage, dass Sie und ihre Frau uns bezüglich Ihres Alibis angelogen haben«, schob Katrin hinterher.

»Ich versteh nicht ganz …«. Rainer Weber setzte sich auf einen alten Küchenstuhl.

»Das kommt schon noch«, meinte Guntram und zog sich ebenfalls einen Stuhl heran.

»Sie waren an dem Sonntagmorgen, als man Ihre Tochter Antje tot auf der Schaukel des Spielplatzes am Stephanring fand, nicht in der Wohnung. Ich meine, nicht in Ihrer eigenen Wohnung mit Ihrer Frau Marion zusammen«, sagte Katrin und blieb an einen alten Küchenschrank aus den Siebzigern gelehnt stehen.

»Was soll das heißen?«, fragte Rainer Weber und sah von einem zum andern. »Natürlich war ich in unserer Wohnung. Meine Frau und ich, wir haben zusammen gefrühstückt und auf Antje gewartet. Sie hatte bei einer Freundin übernachtet und ...«.

»Aber eben das entspricht nicht den Tatsachen«, fuhr Katrin unbeirrt fort. »Sie waren nicht mit Ihrer Frau zusammen, sondern mit Tomkes Mutter. Tomke ist das kleine Mädchen, das Ihre tote Tochter im Prinzip als Erstes entdeckt hat, jedenfalls, soweit es die Zeugenaussagen rückschließen lassen.«

»Was sollte ich denn mit Tomkes Mutter zu tun gehabt haben«, echauffierte sich Rainer Weber. »Und wer zum Teufel behauptet denn so etwas?«

»Es gibt eine Zeugin, die gesehen haben will, wie Sie aus Block 7 gekommen sind, und zwar, nachdem man Antje auf dem Spielplatz gefunden hat. Und in Block 7 wohnt Tomke, und auch ihre Mutter.«

»Ich weiß nicht, wovon Sie da reden. Und was ist das überhaupt für eine Zeugin? Sie könnte ja auch lügen, haben Sie daran vielleicht mal gedacht?«

Er lief dunkelrot an und schien sehr wütend.

»Es lügen eine ganze Menge Leute, wenn die Umstände es erfordern«, meinte Guntram gelassen. »Das ist ja das Hauptproblem in unserem Job, weshalb wir überhaupt so viele Überstunden schieben müssen. Man stelle sich mal vor, es sagten alle, sobald ein Verbrechen geschehen ist, die Wahrheit. Ja, mein Gott, dann hätten wir ein Leben wie Gott in Frankreich, was meinst du Katrin, jeden Tag um kurz nach eins Feierabend, das wär doch was.«

Sie fand seine Exkursionen zwar ein wenig gewöhnungsbedürftig und auch unangebracht, doch trotzdem pflichtete sie ihm durch ein kurzes Nicken bei.

»Dann könnte ich viel mehr mit meiner Tochter unternehmen«, sagte sie. »So wie Sie, Herr Weber. Denn Sie haben Ihre Tochter sehr oft zum Fußballplatz begleitet, oder?«

Rainer Weber kam ins Schwimmen. Was versuchten diese Beamten ihm da, zu unterstellen?

»Was soll das eigentlich alles? Erst habe ich was mit einer anderen Frau und dann wieder sagen Sie, was für ein toller Vater ich war.«

»Das hat hier eigentlich keiner gesagt«, meinte Guntram gelassen. »Vielmehr glauben wir, dass Sie ein ganz durchtriebener Vater sind, der seine Frau betrügt und obendrein auch noch seine Tochter ermordet hat.«

Jetzt war es raus. Sie waren gespannt auf die Reaktion.

Zunächst sagte Rainer Weber nichts. Es schien, als habe ihm dieser Verdacht die Sprache verschlagen. Sein Gesicht verriet nichts über seine Gefühle, die jetzt ganz zweifellos kurz vor der Entladung standen.

Er faltete seine Hände auf dem Tisch, sah darauf, dann zum Fenster und wieder zu seinen Händen.

Dann holte er tief Luft.

»Ich habe Antje geliebt«, sagte er mit plötzlich bebender Stimme. »Und ich hätte ihr niemals, wirklich niemals etwas antun können.«

Aber was war, wenn ausgerechnet seine Tochter als Erstes etwas von dem Verhältnis ihres Vaters erfahren und ihm gedroht hatte, alles der Mutter zu sagen? Würde das ausreichen, um sein eigenes Kind zu töten?

»Wusste Antje etwas von dem Verhältnis zu der anderen Frau?«, fragte Katrin.

Rainer Weber sah sie offen an. »Nein, eigentlich wusste es niemand. Und es war auch gar kein richtiges Verhältnis. Ich hätte Marion auch niemals verlassen. Wir waren eine kleine glückliche Familie. Antje war …«. Seine Stimme brach und er schlug die Hände vors Gesicht.

»Was war mit Antje?«, bohrte Katrin nach. Sie durften ihm jetzt nicht die Gelegenheit geben, sich ins Emotionale zu flüchten und so den wirklich drängenden Fragen zu entkommen.

»Antje war das Wichtigste in unserem Leben. Ich liebe Marion. Und das weiß sie auch.«

»Was wollen Sie uns damit sagen? Meinen Sie, Ihre Frau hat uns angelogen und Ihnen ein falsches Alibi verschafft, weil Sie sie lieben?«

Er nickte. »Ich denke schon. Mein Gott, wir sind über fünfzehn Jahre verheiratet. Da nutzt sich so manches in einer Beziehung ab. Das müssen Sie doch auch wissen, oder?«

Guntram schob seine Unterlippe vor und es hätte nicht viel gefehlt und er hätte zustimmend genickt.

»Und weiter«, forderte Katrin, die schon wieder kurz davor war, sich als Frau im falschen Film zu fühlen.

»Mein Gott, es ... wir hatten eine wunderbare Tochter. Sowas schweißt zusammen. Aber Marion, sie ... nun ja, wie hatte schon lange keine Lust mehr.«

»Auf Sex, meinen Sie das?«

Er nickte.

»Also haben Sie sich mit Tomkes Mutter das geholt, was Sie zuhause nicht bekamen? Simple sexuelle Befriedigung?«

Guntram sah erstaunt zu Katrin. Fand sie Sex etwa nicht wichtig genug im Leben?

»Sie können es ruhig schlecht machen«, sagte Rainer Weber. »Von mir aus können Sie mich auch für ein

Schwein halten, das seine Frau betrogen hat. Aber ich habe meiner Antje nichts angetan. Niemals hätte ich das tun können, ich habe sie doch über alles geliebt.«

Plötzlich schrillten bei Katrin wie aus heiterem Himmel sämtliche Alarmglocken. Warum war sie denn nicht eher darauf gekommen?

»Haben Sie Ihre Tochter Antje sexuell missbraucht?«, fragte sie tonlos, als habe sie sich nur nach der Uhrzeit erkundigt.

Jetzt entglitten Rainer Weber sämtliche Gesichtszüge.

»Sind Sie denn völlig verrückt geworden!?«, schrie er fast, sprang vom Stuhl auf und machte zwei Schritte auf Katrin zu. Wie zwei wilde Stiere starrten sie einander an.

Guntram stand ebenfalls auf, um zu verhindern, dass Weber auf Katrin losging.

»Es war eine einfache Frage«, sagte Katrin unbeirrt. »Wie sonst sollte sich das rosa Kleid für ein doch im Grunde eher burschikoses Mädchen erklären lassen?«

»Sie glauben also, dass ich meine Tochter, die ich jahrelang mit zum Fußballplatz genommen habe und die dann schließlich selber ganz begeistert Fußball gespielt hat und ich sie auch darin immer unterstützt und begleitet habe, dass ich diesem Mädchen allen Ernstes rosa Kleider angezogen habe, um sie ... nein, das spreche ich jetzt nicht aus. Das ist mir alles viel zu schmutzig. Ich habe meine

Tochter geliebt, aber nicht auf die perverse Art, die Sie mir da unterstellen wollen. Und jetzt werde ich nichts mehr sagen ohne meinen Anwalt.«

»Herr Weber, ich nehme Sie vorläufig wegen des dringenden Tatverdachts der Ermordung Ihrer Tochter Antje fest«, sagte Katrin und las ihm seine Rechte vor.

Das war vielleicht etwas übereilt, dachte Guntram, als er das Erstarren der Gesichtsmuskeln von Rainer Weber beobachtete, doch es hörte sich verdammt gut an.

Die erschütterte Mutter

Marion Weber verstand die Welt nicht mehr. Der Anruf, den Rainer Weber in der Dienststelle tätigen durfte, hatte seiner Frau gegolten. Er machte sich Sorgen um sie. Außerdem trug er ihr auf, sofort ihren Anwalt zu informieren, dass man ihn wegen einer unglaublichen Unterstellung festgenommen hatte.

Rainer im Gefängnis, ging es durch ihren Kopf, als sie aufgelegt hatte. Wie sollte es denn jetzt weitergehen? Ihr erster Instinkt befahl ihren Beinen, zu Block 7 rüberzulaufen und dieser verdammten Schlampe, die ihren Mann verführt hatte, die Augen auszukratzen.

Doch sie musste jetzt Ruhe bewahren. Also griff sie zum Telefon und rief in der Kanzlei in der Bremer Straße an. Bisher war es bei Rainer immer um Verkehrsdelikte gegangen, weil er eben auf schnelle Autos stand. Immer wieder geriet er in Radarfallen und einmal hatte er sogar schon seinen Führerschein abgeben müssen. Doch das alles war nichts gegen das, was man ihm jetzt vorwarf. Er sollte Antje ermordet haben. Ihr einziges Kind.

Als die Anwaltsgehilfin ihr versichert hatte, dass der Anwalt sich so schnell wie möglich kümmern würde, legte sie auf und ging in Antjes Zimmer, wo noch alles genauso war, wie an dem Tag, als man sie draußen auf der Schaukel gefunden hatte.

Die vielen Gesichter der Poster der verschiedenen Fußballmannschaften an der Wand wirkten plötzlich freundlich. Natürlich konnte sie noch immer nichts damit anfangen. Doch für Antje hatten sie viel bedeutet. Deshalb fühlte es sich jetzt plötzlich auch für sie wichtig an. Warum war sie denn niemals mit ihrer Tochter auf den Fußballplatz gegangen?, fragte sie sich. Im Nachhinein war es immer leicht, sich Dinge vorzustellen. Ja, man konnte sich sogar Dinge schönreden. Was wäre so schlimm daran gewesen, für anderthalb Stunden einer Sache zu folgen, die der Tochter wichtig war? Hätte sie nur einmal richtig zugehört, dann wäre jetzt vielleicht alles noch in Ordnung.

Sie ging zu dem Schrank und öffnete eine Tür. Dort hingen Antjes Trikots. Auch welche, aus denen sie längst herausgewachsen war mit den Jahren. Sie war immer so stolz gewesen, wenn ihre Mannschaft gesiegt hatte. Und sie war auch stolz, wenn es einmal anders war. Einfach, weil sie dazugehörte. Man sie respektierte, so, wie sie war. Wie sehr musste sie gelitten haben, weil sie, Marion, ihre Mutter, ihr diesen Respekt verwehrte?

Tränen liefen über ihr Gesicht und sie leckte sie mit der Zunge auf. Es schmeckte salzig, nicht bitter.

Sie fuhr mit der Hand über den Stoff, der für ihre Tochter das Leben bedeutet hatte. Irgendwo mussten doch auch ihre Fußballschuhe sein. Sie hatte sich immer geweigert, diese zu putzen und hatte es Rainer überlassen.

Er hatte das gerne gemacht für seine Tochter. Natürlich. Schließlich fand er es klasse, dass seine Tochter das gleiche Hobby hatte wie er, auch wenn er selber nie aktiv gespielt hatte.

Rainer. Ihre Kehle schnürte sich bei dem Gedanken an ihren Mann zu, der jetzt im Gefängnis saß. Eigentlich war doch alles seine Schuld. Sollte er doch in der Zelle hocken, sie würde ihn nicht besuchen. Er hatte sie betrogen und dann auch noch ihre Tochter genommen.

Sollte er doch in der Hölle schmoren, dachte sie, machte den Schrank wieder zu und ging in die Küche.

In der Dienststelle

Sie saßen alle im Büro und warteten darauf, dass endlich der Anwalt von Rainer Weber eintraf, damit sie ihn in die Mangel nehmen konnten.

Katrin hatte dafür gesorgt, dass das Kindermädchen eine Extraschicht einlegte. Sie wollte unbedingt dabei sein, wenn man den perversen Kindermörder festnagelte. Genauso hatte sie es ausgedrückt und Verachtung schwang in ihrem Blick mit.

»Mathias, du könntest Tomkes Mutter herholen, wir sollten auch mit ihr sprechen«, meinte Guntram. »Es ist ja nicht sicher, dass Weber gleich wirklich alles auspackt.«

»Geht klar«, sagte Mathias und machte sich auf den Weg.

»Ich kann das gar nicht glauben«, sagte Tina, als sie mit ihrem Vater und Katrin alleine war. »Der Vater soll die eigene Tochter umgebracht haben.« Ihr Blick heftete sich auf Guntram.

»Tja, schwer vorstellbar, ich weiß«, sagte er. »Doch es kommt leider immer wieder vor, dass Väter sich ... nun ja, du weißt schon.«

»Dass sie sich an ihren eigenen Töchtern vergreifen«, vollendete Tina. »Ja, das weiß ich.«

Katrin gefiel es nicht, Zeugin dieses doch recht unangenehmen Gesprächs zu werden. Sie hätte nicht einmal sagen können, warum. Doch sie mochte es nicht, dass Vater und Tochter so über das Thema sprachen. Es fühlte sich nicht gut an.

»Ich hole uns mal Kaffee«, sagte sie und verließ das Büro.

Als sie draußen war, holte sie tief Luft. Und plötzlich konnte sie auch das Gefühl greifen, das ihr da drinnen so ein Unbehagen bereitet hatte. Sie selber hatte eine Tochter. Und so, wie die Dinge lagen, wäre Guntram der potentielle Mann gewesen, der sich an ihr ... nein, sie wollte diesen schmutzigen Gedanken nicht zu Ende führen. So einer war Jochen nicht. Doch wem sah man es eigentlich an?

Bestimmt durchlitt Marion Weber gerade die Nächste schlimmste Zeit ihres Lebens nach dem Verlust ihrer Tochter. Wie sollte sie damit leben können, dass ihr Ehemann der Mörder ihrer Tochter war und diese auch noch missbraucht hatte? Also, sie selber, sie würde das nicht überstehen, dachte sie, als die Kaffeemaschine die braune Flüssigkeit in die Becher spie. Und sie wollte nicht zu Ende denken, was sie dann machen würde, um diesen Schmerz und den damit einhergehenden Ekel nicht mehr ertragen zu müssen.

Als sie mit den Bechern wieder in das Büro zurückkam, hatten die beiden zum Glück das Thema gewechselt und unterhielten sich über Fußball, obwohl keiner von beiden die geringste Ahnung davon hatte.

Die Zeit strich dahin und Mathias kam sogar noch vor dem Anwalt mit der Zeugin wieder in die Dienststelle zurück und brachte sie in den Verhörraum.

»Katrin und ich gehen rein«, sagte Guntram.

Tina und Mathias würden alles von der anderen Seite aus verfolgen.

Tomkes Mutter sah genauso verkommen aus wie an dem Sonntagmorgen, als Katrin sie das erste Mal befragt hatte.

»Was soll das alles?«, fragte sie unverblümt. »Wieso werde ich von der Polizei abgeholt? Wer kümmert sich jetzt um meine Kinder?«

»Seit wann kümmert Sie das?«, fragte Katrin voller Verachtung in der Stimme.

»Muss ich mir das gefallen lassen, Herr Kommissar?«, fragte Tomkes Mutter jetzt an Guntram gewandt.

Dieser zuckte nur mit den Schultern.

»Erzählen Sie uns lieber etwas über das Verhältnis, das Sie zu Rainer Weber gehabt haben«, sagte er, »desto eher können Sie wieder ihren mütterlichen Pflichten nachkommen.«

»Eine Unverschämtheit ist das hier«, murmelte Tomkes Mutter und verschränkte die Arme vor der Brust.

»Also, was ist nun«, sagte Katrin. »Wie war es mit Rainer Weber? Seit wann hatten Sie ein Verhältnis mit ihm?«

Ein schmieriges Grinsen glitt über das Gesicht der Frau.

»Verhältnis«, äffte sie Katrin nach. »Das klingt ja fast schon vornehm, für das, was Rainer mit mir gemacht hat.« Sie grinste breit und ihre ungepflegten Zähne kamen zum Vorschein.

»Was hat er denn mit Ihnen gemacht?«

»Wir haben gefickt, was sonst«, antwortete sie hemmungslos und leckte sich über die Lippen.

»Auch an dem Sonntagmorgen, als man Antje, seine Tochter, tot auf der Schaukel unten gefunden hat?«

Sie zog die Stirn kraus.

»Da muss ich nachdenken ...«.

»Dann machen Sie das bitte.«

»Ja, ich glaub schon«, sagte sie schließlich. »Abends dreimal und morgens glaub ich auch nochmal. Aber so genau weiß ich das nicht mehr, dafür hatte ich zu viel getankt.«

»Sie sagen also, dass Rainer Weber bereits am Samstagabend zu Ihnen gekommen ist?«

»Er ist auf mir gekommen, junge Frau.« Schon wieder grinste sie und Katrin wäre am liebsten gegangen.

»Ersparen Sie uns diese Details und konzentrieren wir uns auf die Uhrzeiten«, sagte sie. »Wann ist Rainer Weber am Samstagabend zu Ihnen gekommen? Und ich werde das nicht noch einmal fragen.«

»Ist ja schon gut. Also, er kam so gegen elf, würde ich sagen. Da waren meine Blagen ... ich meine, da waren meine Kinder schon im Bett. Die müssen ja nichts davon wissen, Sie verstehen schon.«

Und ob ich das tue, dachte Katrin.

»Er kam also um elf Uhr abends und ist die ganze Nacht geblieben?«

Tomkes Mutter nickte.

»Wir waren die ganze Zeit im Bett, kann man sagen. Wir haben es uns gerne mit einem Korn und Bier gemütlich gemacht. Sowas konnte der Rainer ja zuhause nicht machen. Die Marion ist da etwas prüde, müssen Sie wissen. Die macht das nur, wenn das Licht aus ist.«

Katrin atmete tief durch, während Guntram teilnahmslos dem Gespräch lauschte. Auch ihn widerte diese Frau an. Doch er machte sich Sorgen, weil Tina nebenan alles mitbekam. Er sah in ihr eben immer noch das kleine Mädchen, das er beschützen musste vor der brutalen und oft ernüchternden Welt, so, wie sie war.

»Wissen Sie noch, wie spät es war, als Rainer Weber Ihre Wohnung verlassen hat?«, fragte Katrin.

»Boah, wer guckt denn um die Zeit schon auf die Uhr«, stöhnte die Frau. Ein unangenehmer Geruch strömte dabei aus ihrem Mund. »Ich meine, dass es so gegen halb neun gewesen sein könnte.«

Jetzt stutzten beide. Guntram als auch Katrin. Und nebenan runzelte auch Mathias die Stirn. Hatte die Zeugin nicht gesagt, dass sie Rainer Weber erst gegen halb zehn aus dem Block Nummer 7, in dem sich die Wohnung von Tomkes Mutter befand, hatte kommen sehen? Wer log denn da jetzt? Und vor allem, warum? Und noch eine ganze andere Sache ging allen Vieren durch den Kopf. Mit dieser Aussage brach das Alibi von Rainer Weber vollends zusammen. Denn wenn er weder zuhause bei seiner Frau noch bei seiner sogenannten Geliebten gewesen war zur Tatzeit, dann kam er mehr denn je als Mörder von Antje in Betracht.

Tomkes Mutter war wieder nach Hause geschickt worden und sie warteten nun darauf, dass der Anwalt, der zwischenzeitlich eingetroffen war, endlich mit dem Gespräch mit seinem Klienten fertig wurde.

»Wie lange wollen die denn noch da rumquatschen«, raunte Guntram und lief wie ein Tiger im Büro hin und her.

»Na, wenn er wirklich unser Täter ist, dann wird er seinen Klienten gut vorbereiten müssen, damit dieser noch den Kopf aus der Schlinge ziehen kann«, meinte Mathias.

»Wenn er der Täter ist, dann werden wir die Schlinge zuziehen«, sagte Katrin.

»Ich kann es immer noch nicht begreifen«, sagte Tina, »wie man so etwas tun kann.«

»Das ist ja der Mist an unserem Job«, meinte Guntram, »man kann so vieles nicht verstehen, muss aber trotzdem damit klarkommen.«

Vater und Tochter sahen sich an und es schien, als rasten im Eiltempo viele Bilder der Vergangenheit durch sie beide hindurch.

Er nagte wieder mal an der eigenen Unzulänglichkeit, nie für seine Tochter dagewesen zu sein, als sie ihn gebraucht hätte. Und sie sah immer klarer, was er für ein beschissenes Leben als Ermittler geführt haben musste. Und bei allem sollte er auch noch ein guter Ehemann und Vater sein. Ein verdammt harter Job.

Endlich gab es dann grünes Licht von einem Kollegen, dass der Anwalt einem Verhör zustimme.

»Na also«, sagte Guntram und ging mit Katrin in den Verhörraum.

»Ich weise Sie darauf hin, dass mein Mandant aus freien Stücken mit Ihnen spricht und äußerst kooperativ ist«, sagte der Anwalt, als sie reinkamen.
»Du mich auch«, raunte Guntram, ohne, dass jemand genau hören konnte, was er sagte. Nur Katrin ahnte es und grinste.
»Wir waren ja vorhin in Ihrer Firma schon ganz gut vorangekommen«, sagte Guntram, als er sich dem Verdächtigen und dessen Anwalt gegenüber mit Katrin an den Tisch setzte. »Bitte schildern Sie uns doch noch einmal genau, was Sie in den Stunden von Samstag auf Sonntag, also dem besagten Sonntag, als Ihre Tochter Antje ermordet worden ist, gemacht haben.«
Rainer Weber sah zu seinem Anwalt und dieser nickte.
»Ich bin gegen elf rüber.«
»Sie meinen, Sie sind gegen elf am Samstagabend zu Tomkes Mutter in die Wohnung gegangen?«, vervollständigte Guntram.
Rainer Weber nickte und sah verschämt auf den Boden.
»Es ist sicher überflüssig zu fragen, was Sie dort gemacht

haben«, fuhr Guntram fot. »Aber ich mache es trotzdem. Also, was haben Sie gemacht?«

»Wir sind … mein Gott, wir sind ins Bett gegangen«, sagte Rainer Weber schließlich.

»Okay. Sie hatten Sex. Sowas kommt vor. Oft in den besten Ehen und Sie haben Ihr Glück bei einer Nachbarin gesucht. Soweit, so gut. Wie lange waren Sie dort? Haben Sie etwas getrunken? Mein Gott, nun reden Sie endlich und lassen sich nicht alles aus der Nase ziehen. Sie wissen doch, was wir wissen wollen!«

»Ja, wir haben auch getrunken«, fuhr Rainer Weber jetzt kleinlaut fort. »Schnaps und Bier, wenn Sie es genau wissen wollen. Und irgendwann … also, nachdem wir fertig waren, da sind wir dann wohl eingeschlafen. Ich weiß gar nicht genau, wann ich das erste Mal wieder wach geworden bin. Ich bin dann zum Klo, da war es noch dunkel. Und danach hab ich mich wieder hingelegt.«

»Klar, wenn man so fertig ist …«.

»Sie können sich das sparen. Ich bin nicht stolz auf das, was ich Marion angetan habe«, sagte Rainer Weber reumütig. »Doch Sie wissen sicher nicht, wie das ist, wenn die eigene Frau kein Interesse mehr am Sex hat.«

»Hören Sie, Herr Weber«, fuhr Katrin dazwischen. »Uns interessieren ihre sexuellen Nöte eigentlich nicht. Wir müssen nur wissen, wann Sie wo und wie lange gewesen sind. Ist das verständlich genug für Sie? Ersparen Sie uns bitte ihre jämmerlichen Erklärungen für ihre schmutzigen Auswüchse und Abenteuer.«

Der Anwalt warf ihr einen mahnenden Blick zu, doch Katrin pfiff in diesem Moment drauf. Sie wollte jetzt endlich ein Geständnis und dann nach Hause zu ihrer Tochter. Der Tag war auch so schon beschissen genug gewesen. Der Weber hatte ja überhaupt keine Ahnung, was Typen wie er Frauen antun konnten.

»Also, wann haben Sie die Wohnung von Tomkes Mutter verlassen?«, fragte sie jetzt eindringlich.

Rainer Weber erkannte, dass er jetzt nicht mehr nach Ausflüchten zu suchen brauchte.

»Ich bin gegen halb zehn gegangen, genauso, wie es Ihnen die Zeugin gesagt hat«, antwortete er.

»Das ist sehr komisch«, sagte Katrin. »Denn eben haben wir von Tomkes Mutter gehört, dass sie bereits viel früher aus der Wohnung gegangen sind. Um genau zu sein, sie hat ausgesagt, dass sie ihre Wohnung gegen halb neun am Sonntagmorgen verlassen haben.«

Rainer Weber klappte die Kinnlade runter. »Aber das kann nicht sein, wir hatten abgesprochen, dass sie …«. Er wischte sich übers Gesicht.

»Was hatten sie abgesprochen? Haben Sie Tomkes Mutter etwa dazu zu überreden versucht, für Sie zu lügen?

Sollte sie uns erzählen, dass sie bis mittags dort gewesen sind? Das würde sich ja mit der Aussage der anderen Nachbarin decken. Und das wäre genau das, was wir Ihnen in Ihrer Firma erzählt haben. Richtig?«

»Dieses blöde Stück«, sagte Rainer Weber jetzt voller Verachtung und es war allen klar, dass er nur Tomkes Mutter meinen konnte.

»Sie verstricken sich immer weiter in Lügen, Herr Weber. Es ist besser, wenn Sie uns jetzt die ganze Wahrheit sagen«, meinte Guntram. »Ich denke, Ihr Anwalt sieht das genauso.«

Rainer Weber sah zu seinem Anwalt und dieser nickte.

»Die ganze Wahrheit wollen Sie«, sagte Rainer Weber mehr zu sich selbst. »Nun, dann sollen Sie auch die ganze Wahrheit bekommen.«

Und auch wenn Katrin noch bis vor ein paar Minuten wie auf heißen Kohlen gesessen hatte, weil sie endlich hier raus wollte, so saß sie dann doch da und hörte Rainer Weber zu, als er in die Zeit zurückfuhr, als Antje noch ein ganz kleines Mädchen gewesen war.

Rainer und Marion Weber hatten sich beim Gallimarkt in Leer kennen gelernt, als sie beide mit Freunden unterwegs waren und beim Autoskooter standen. Aus anfänglichen kurzen Blicken war schließlich das geworden, was ihre spätere Ehe begründete. Sie hatten sich verliebt und schon nach einem halben Jahr war Marion schwanger. Sie heirateten und suchten sich eine gemeinsame Wohnung. Da Rainer noch nicht so lange ausgelernt hatte in der Gießerei und noch nicht so viel verdiente, landeten sie schließlich in den Blocks am Stephanring, was sich als nicht die schlechteste Entscheidung erwies. Die Wohnungen waren in einem guten Zustand und auch nicht zu teuer. Sie waren schnell in der Innenstadt und ein Kindergarten war auch in der Nähe. Doch das war nicht das Wichtigste für Marion. Für sie war entscheidend, dass es für Antje immer genügend Spielkameraden geben würde. Das hatte sie auf den ersten Blick erkannt, als sie die Wohnung besichtigten und sie den Spielplatz direkt vor der Tür entdeckte. »Hier wird sich Antje wohlfühlen«, hatte sie gesagt. Sie wussten schon vor der Geburt, dass es ein Mädchen werden würde.

Marion blieb zuhause und kümmerte sich um die Kleine. Es sollte dem Mädchen wirklich an nichts fehlen. Auch wenn das Geld knapp war, so sorgte Marion doch für ein ausgeglichenes Familienleben, in dem niemand zu kurz kam. Sie nähte die meisten Kleidungsstücke für das Baby selber. Da kam ihr ihre Ausbildung als Industrienäherin zugute. Sie kaufte Stoffe als Restposten und schon bald quoll der Kleiderschrank vor lauter Rüschen und rosa Sonntagsjäckchen über.

»Den ersten wirklichen Krach hatten wir eigentlich, als ich Antje das erste Mal mit auf den Fußballplatz nehmen wollte«, sagte Rainer Weber und kam aus seiner Erinnerungsschleife wieder an die Oberfläche.

»Sie wollte das nicht?«, fragte Katrin und vor ihrem inneren Augen musste sie immer wieder an die Farbe Rosa denken.

»Nein, sie fand, dass das nichts für ein Mädchen sei. Dieser ganze Lärm und die vielen biertrinkenden Männer. Doch auf der anderen Seite hatte sie mich auch immer wieder gebeten, etwas mit der Kleinen zu unternehmen. Schließlich sollte sie ja auch etwas von ihrem Vater haben, wenn der schon die ganze Woche arbeitete.«

Und so hatte Rainer Weber sich schließlich durchsetzen können und alle vierzehn Tage schleppte er die Kleine mit zu den Spielen auf den umliegenden Fußballplätzen.

»Und dann wollte sie irgendwann auch selber spielen?« In Katrin braute sich etwas Undefinierbares zusammen. Später würde sie es eine böse Vorahnung nennen.

»Ja, das wollte sie.« Rainer Webers Augen leuchteten. Und durch die Tränen, die sich darin sammelten, wurde das Leuchten zu einem schimmernden Meer aus enttäuschten Gefühlen.

»Aber Ihre Frau Marion wollte das natürlich nicht ...«.

»Nein. Sie hat geschrien und getobt, als Antje nach ihrem ersten Fußballtrikot gefragt hat. Antje bat Marion sogar, dass sie ihr eins nähte, nur, damit sie sich auch endlich dafür begeistern konnte, dass ihre Tochter gerade diesen Sport für sich gewählt hatte.«

»Sie sagen, gerade diesen Sport«, bohrte Katrin nach. »Welchen Sport hätte Ihre Frau denn lieber für Antje gesehen, wenn es nicht der Fußball sein sollte?« Schon als sie die Frage stellte, erahnte sie die Antwort. Rosa.

»Na ja, Sport würde ich das nicht unbedingt nennen«, fuhr Rainer Weber fort. »Marion wollte immer, dass Antje so eine kleine Primaballerina wird. Sie wissen schon, mit einem Tütü und diesen komischen Schuhen, die die Füße der Mädchen total kaputtmachen.«

»Keine derben Fußballschuhe«, murmelte Katrin und bekam eine Gänsehaut.

»Nein, niemals Fußballschuhe, hat Marion geschrien. Ihre Stimme klingt mir jetzt noch in den Ohren. Antje würde davon doch nur dicke Beine und Plattfüße kriegen. Ob ich mir eine Tochter wirklich so vorgestellt hätte, o-beinig und muskulös wie ein Preisboxer. Wir haben uns sehr gestritten und ich dachte, das sei das Ende unserer Ehe …«.

»Aber das war es nicht.«

»Nein, wir haben uns irgendwie arrangiert. Das wollte selbst Marion Antje nicht antun, dass sie als Scheidungskind aufwachsen müsste.«

»Und dieses Arrangement beinhaltete wohl auch, dass sich ihre innige Beziehung zueinander abkühlte, nehme ich an.«

Rainer Weber nickte. »Sie war seitdem kalt wie ein Fisch, wie man so schön sagt. Ich durfte sie kaum noch berühren, geschweige denn … Sie wissen schon.«

»Und deshalb haben Sie sich zu Nachbarinnen, Arbeitskolleginnen und weiß Gott wem geschlichen?«

»Es hört sich vielleicht blöd an, aber ich wollte niemals etwas Engeres mit einer anderen Frau. Nur ab und zu, nun ja, ich bin doch auch nur ein Mann.«

»Sex. Es ging um Sex.«

Er nickte und sah Katrin offen an.

»Das wollen Sie mir doch wohl nicht vorwerfen, dass ich ein Mann mit Bedürfnissen bin.«

Es dauerte Guntram einen Tick zu lange. Dieser Austausch von tiefen Blicken, der das Verstehen von Katrin und das Erbetteln um Verständnis wie eine unsichtbare elektrische Leitung durch den Raum wandern ließ.

»Kommen wir wieder zum Punkt«, sagte er deshalb. »Sie haben sich mit Ihrer Frau arrangiert und gingen zu anderen Frauen. Aber ich frage mich schon, ob das Ihre Frau wirklich glücklich gemacht haben kann, nachdem sie praktisch auch ihre eigene Tochter an einen Sport verloren hatte, dem sie nicht das Geringste abgewinnen konnte. Nein, es war eigentlich noch viel mehr. Sie hat den Fußball verabscheut. Sie sah ihre kleine Tochter, die sie am liebsten in rosa Jäckchen und Schühchen steckte zu einer abstoßenden Frau heranwachsen. Dicke Waden, O-Beine und derbe Muskeln. Was muss das in ihr ausgelöst haben?«

Plötzlich war es totenstill im Raum. Guntram hatte genau das ausgesprochen, was Katrin die ganze Zeit geahnt, der Anwalt befürchtet und Rainer Weber um keinen Preis hatte zugeben wollen.

»Sagen Sie uns jetzt die Wahrheit«, forderte Guntram mit trockener Stimme. »Hat Ihre Frau Marion Ihre gemeinsame Tochter Antje ermordet und haben Sie versucht, das Ganze zu vertuschen?«

»Sie müssen jetzt nichts sagen«, beschwor der Anwalt seinen Mandanten, bevor dieser auch nur den Mund aufmachen konnte.

»Wir lassen sie verhaften«, sagte Katrin, drehte sich zu dem Spiegel, hinter dem Tina und Mathias atemlos dem Verhör gelauscht hatten, saßen, und gab den Kollegen ein Zeichen.

Sofort griff Mathias zum Hörer, das konnte sie aber nicht sehen. Doch sie wusste es.

»Es hat doch sowieso keinen Sinn mehr, hier etwas anderes zu erzählen«, sagte Rainer Weber mit fast erleichtert klingender Stimme. »Ich habe doch alles versucht, doch Marion wollte es einfach nicht verstehen, dass man ein Kind nicht zu Dingen zwingen kann, die es nicht will.«

»Sagen Sie uns bitte, was passiert ist«, sagte Katrin jetzt mit beruhigender Stimme. Denn sie erkannte die ganze Tragödie, die hinter dem steckte, was der Mann vor ihnen hier gleich erzählen würde. Und wie sehr er unter allem gelitten hatte. Vielleicht traf ihn sogar noch am allerwenigsten die Schuld am Tod seiner Tochter. Nein, ganz bestimmt sogar. Er wollte doch nur ein guter Vater sein.

»Es war kein gewöhnlicher Samstagabend, als ich später zu Tomkes Mutter gegangen bin«, begann Rainer Weber und erzählte dann, was wirklich geschehen war.

Nachdem Antje sich auf den Weg zu ihrer Freundin gemacht hatte und dort auch übernachten wollte, da habe er sich vor die Sportschau gesetzt. So wie jeden Samstagabend. In dieser Zeit, da hielt Marion sich für gewöhnlich in ihrem Nähzimmer, wie sie die kleine Abstellkammer, in der ihre Nähmaschine stand, nannte, auf und arbeitete an einem Kleidungsstück oder sonstigen Dingen wie Decken oder Gardinen. Manchmal nahm sie sogar Aufträge für Nachbarinnen an und verdiente sich so etwas dazu.

Doch an diesem Abend, da sei sie irgendwie anders gewesen als sonst. Sie habe ihn so merkwürdig angesehen, als sie aus dem Wohnzimmer gegangen sei. Und als der Sport zu Ende war und die Nachrichten kamen, da habe er sich schon gewundert, dass es gar kein Abendessen gab.

Er sei dann zu dem Nähzimmer gegangen, in dem noch immer Licht brannte. Als er die Tür aufgemacht habe, da habe er Marion dann gesehen. Sie saß vor ihrer Nähmaschine und sah nicht einmal auf, als er hereinkam.

»Ich habe sie dann angesprochen«, sagte Rainer Weber und man hätte eine Stecknadel im Verhörraum fallen hören können. So still war es und kalt.

»Doch sie hat gar nicht reagiert. Ich bin zu ihr gegangen und habe nach ihrer Schulter gefasst. Sie fühlte sich total kalt an. Und so hart. Erst dachte ich, Marion hätte vielleicht einen Schlaganfall oder so was gehabt. Das kommt ja vor, selbst bei jüngeren Menschen.«

Doch dann habe er gesehen, was sie da vor sich in den Händen hielt. Es war ein rosa Kleid aus feinstem Tüll. So eines, wie es Prinzessinnen tragen, wenn sie auf einen Ball gehen.

»Oder eine Primaballerina«, sagte Katrin leise.

»Ja, oder das«, bestätigte Rainer Weber. »Ich wusste in dem Moment, dass es ein Kleid für Antje sein sollte. Für das Mädchen mit den O-Beinen. Ich hab nicht gewusst, was ich machen sollte. Ich glaube, ich habe sogar gelacht, doch das weiß ich nicht mehr genau. Auf jeden fall habe ich Marion gefragt, was das sein soll. Warum sie so etwas macht. Ich meine, das war doch nicht normal.«

»Und was hat Ihre Frau geantwortet?«

»Sie sagte, dass es eine Auftragsarbeit für eine Ballettschule sei. Und eigentlich war ich ganz froh darüber, wenn ich ehrlich bin. Schließlich war es nicht für Antje. Das alleine war das Wichtigste für mich.«

»Verstehe. Aber als sie das Kleid dann am nächsten Tag an ihrer toten Tochter sahen, da wurde Ihnen klar, was wirklich passiert war«, sagte Katrin, doch im selben Moment wusste sie auch, dass noch viel mehr dahinter stecken musste. Denn noch immer standen sich widersprechende Aussagen zu seinem Aufenthalt bei Tomkes Mutter im Raum.

»Wann genau haben Sie davon erfahren, dass Ihre Frau Ihre Tochter umgebracht hat?«, fragte Guntram jetzt, dem auch alle Lichter brannten.

»Sie erfahren es ja sowieso«, sagte Rainer Weber matt und erzählte dann den Rest seiner traurigen Geschichte.

Es traf zu, was Tomkes Mutter ausgesagt hatte. Rainer Weber war tatsächlich um kurz nach elf am Samstagabend zu ihr gegangen. Einfach, weil er mal wieder die Nase davon voll hatte, den Abend alleine auf dem Sofa zu verbringen, Bier zu trinken und vor dem Fernseher einzuschlafen. Dafür war er doch noch nicht alt genug, sagte er und meinte es bitterernst.

»Und ich bin auch um halb neun am Morgen gegangen, das stimmt«, fuhr er fort und stockte.

»Was ist dann passiert?«, hakte Guntram nach, damit der Redefluss nicht stoppte.

»Dann bin ich zu unserem Block gegangen«, sagte er nun. »Und dann ... ich ... es war so schrecklich.« Tränen liefen über sein Gesicht und er wischte darüber, damit man ihn nicht so weinen sah. »Ich sah, wie Marion die Treppe herunterkam. Sie hatte trug unser Kind auf dem Arm in diesem albernen Kleid. Ich wusste nicht, was ich machen sollte, ich war wie gelähmt.«

»Sie trug Antje auf dem Arm?«

»Ja. Und Antje bewegte sich nicht. Ich verstand nicht, was da passierte. Es war wie ein schlechter Film. Ich konnte gar nicht mehr klar denken. Ich wollte ihr Antje wegnehmen, doch sie stürmte an mir vorbei in den Keller. Ich war wie versteinert. Ich konnte sie gar nicht aufhalten. Aber ich bin ihr nach.«

»Aber Sie konnten Antje nicht mehr retten ...«.

»Nein«, er schluchzte. »Ich konnte Antje nicht mehr retten.« Die Tränen liefen jetzt in Bächen seine Wangen hinab und er schämte sich nicht mehr dafür.

»Und dann haben Sie Antje gemeinsam auf die Schaukel gesetzt?« Katrins Stimme versagte fast, als sie diesen ungeheuerlichen Vorgang aussprach.

Rainer Weber nickte. »Was hätte ich denn machen sollen? Marion ist doch meine Frau. Ich konnte sie doch nicht im Stich lassen.«

Und all das hat niemand mitbekommen, dachte Guntram und konnte es nicht fassen. Und obendrein machte es ihn wütend. Denn hätte jemand etwas gesehen oder gehört und hätte man Marion und Rainer Weber eher in den Kreis der Verdächtigen genommen, dann würde Benjamin Feldmann noch leben. Doch es war auch nicht auszuschließen, dass er sich aus einem anderen Grund außer dem, dass er von einem nervigen Beamten aufgesucht worden war, das Leben genommen hatte. Er versuchte jedenfalls, diesen Aspekt wenigstens in Betracht zu ziehen.

»Sie werden sich wegen Mittäterschaft oder zumindest wegen Verschleierung einer Straftat verantworten müssen«, sagte er und sah zu dem Anwalt, der bereits seine Aktentasche auf den Schoß genommen hatte, weil er sich auf den Prozess vorbereiten musste, um für seinen Mandanten das Beste rauszuholen. Wahrscheinlich würde man Rainer Weber wegen mildernder Umstände auf freiem Fuß lassen.

Doch Marion Weber würde ins Gefängnis wandern. Und das war auch gut so.

»Mir ist egal, was aus mir wird«, sagte Rainer Weber. »Mein Leben ist mit dem meiner Tochter ausgelöscht worden.«

»Eines müssen Sie mir noch erklären. Wieso gibt es unterschiedliche Aussagen bezüglich des Verlassens von Block 7? Sind Sie noch einmal zu Tomkes Mutter zurückgegangen, als Sie gemeinsam mit Ihrer Frau Antje auf der Schaukel abgesetzt hatten?«

»Nein, wie hätte ich Tomkes Mutter das denn erklären sollen? Aber ich bin in den Keller von Block 7 gegangen.

Ich habe mich dort so lange versteckt, bis die ersten Polizeiwagen kamen.«

»Und warum? Sie hätten doch mit Ihrer Frau zusammen in der Wohnung warten können.«

»Das konnte ich nicht. Ich wollte Marion in dem Moment nicht mehr in die Augen sehen.«

»Verstehe. Deshalb hat Sie die Zeugin dann später gesehen. Und dann sind Sie auch in die gemeinsame Wohnung zurückgekehrt und haben so getan, als wären Sie selber überrascht von dem Tod Ihrer Tochter.«

»So wie Sie das sagen, hört es sich an, als hätte ich das Verbrechen begangen«, wehrte sich Rainer Weber. »Aber ich war es nicht. Ich habe Antje nicht ermordet.«

»Ich weiß, aber trotzdem waren Sie dazu in der Lage, das tote Mädchen in dem albernen Kleid auf die Schaukel zu setzen. Ich bin gespannt, wie das die Richter sehen.«

Als sie den Verhörraum verließen und ein Beamter Rainer Weber über den Flur in Richtung Zelle führte, kaum ein anderer Kollege mit Marion Weber in die Dienststelle. Sie sah zu ihnen herüber, erkannte ihren Mann und erfasste in Sekundenbruchteilen, dass er alles gestanden hatte.

»Du bist schuld, dass unsere Tochter tot ist«, schrie sie. »Ich will nie wieder etwas mit dir zu tun haben.«

»Das Verhör mit der sparen wir uns für morgen auf«, raunte Guntram Katrin zu. »Ich hab da heute keine Lust mehr drauf.«

»Ist gut«, antwortete sie. »Ich habe Sarah sowieso schon viel zu lange alleine gelassen.«

Endlich zuhause

Guntram verstand zwar nicht warum, doch es gefiel ihm, dass Katrin vorgeschlagen hatte, dass sie den Abend mit Sarah bei ihm in Logabirum verbringen wollte.

Auf dem Weg zum Haus hielt er noch bei einem Italiener, weil zum Kochen nun wirklich die Zeit fehlte. Und wer hätte es auch machen sollen? Er ganz bestimmt nicht und Katrin war auch nicht dafür bestimmt, Männern das Leben so angenehm wie möglich zu gestalten. Nein, sie war eine taffe Polizistin und er war stolz auf sie. Durch seinen Bauch kreuzten Schmetterlinge, als er die Bestellung von zweimal Pizza mit allem und einmal für kleine Kinder aufgab und sich dann an den Tresen setzte, um darauf zu warten.

»Kann Ihre Frau auch nicht kochen?«, fragte eine Stimme neben ihm und er sah in das Gesicht eines jungen Mannes, den er höchstens auf Ende zwanzig schätzte. Er sah nicht besonders intelligent aus, woran man auch immer Intelligenz im Gesicht erkannte. Aber bei ihm war sie eindeutig nicht vorhanden. Es lag ihm so einiges auf der Zunge, was er diesem dummen Schnösel am liebsten an den Kopf geknallt hätte. Doch er hatte auf derlei Geschwätz jetzt keine Lust und grinste nur.

Der andere nahm es zufrieden als Zustimmung und schob ihm einen von seinen zwei Kurzen rüber, die er sich offensichtlich bestellt hatte, um die Wartezeit zu überbrücken.

»Sambuca«, sagte er, »läuft einem schön heiß die Kehle runter.«

»Danke«, sagte Guntram und stürzte den Schnaps in einem Zug herunter. Nach so einem Tag da konnte er ihn wahrlich gebrauchen.

Katrins Wagen stand bereits vor der Tür, als er eintraf. Das war ein Gefühl, das sich kaum beschreiben ließ. Es war wie ein Nachhausekommen.

Beschwingt schmiss er die Wagentür hinter sich zu und jonglierte die drei Kartons in der einen Hand und die Leine von Whisky in der anderen haltend auf das Haus zu.

»He, das sieht aber verdammt nach einer leckeren Pizza aus.« Katrin hatte die beiden kommen sehen und stand jetzt mit Sarah auf dem Arm in der Tür.

»Pizza Pizza ...«, rief die Kleine und jauchzte vor Freude. »Kinderpizza für Sarah ... Kinderpizza für Sarah.«

Sie gingen gemeinsam ins Haus und setzten sich an den Küchentisch.

Ich will, dass das nie wieder aufhört, dachte er und die Schmetterlinge machten jetzt seiner Pizza Platz, aber dachten nicht im Traum daran, sich verdrängen zu lassen.

Whisky staubte wie immer die halbe Pizza von Sarah und die Kanten von Katrins Pizza ab. Und so war auch der Hund glücklich.

Später im Wohnzimmer, als Sarah schon im Bett lag, saßen Guntram und Katrin eng umschlungen auf dem Sofa. Sie hatten weder den Fernseher noch das Radio angemacht. Sie wollten einfach nur die Ruhe genießen.

»Ich höre dein Herz schlagen«, sagte sie in die Stille hinein.

»Dann hörst du sicher auch die Schmetterlinge, die dazu im Takt gegen meine Bauchdecke trommeln«, sagte er und lachte.

»Du bist verrückt.«

»Ja, kann sein. Aber das bin ich nur durch dich.«

Sie wollten jetzt nicht mehr reden.

Und den Rest des Abends hörten sie ganz auf ihr Bauchgefühl.

Guntram wurde am nächsten Morgen von seinem Handy geweckt. Schlaftrunken griff er danach, Katrin lag noch immer in seinen Armen.

Es war Mathias, der anrief. Er teilte ihm mit, dass Marion Weber sich in der letzten Nacht in der Zelle das Leben genommen hatte. Sie hatte etwas mit in die Dienststelle geschmuggelt. Niemand wusste bisher, wie ihr das gelungen war. Auf jeden Fall war sie tot.

Und so erfuhren Guntram und Katrin nicht, was sich an dem Morgen, als Antje starb, zugetragen hatte. Sie erfuhren nicht, wie Antje ihre Mutter angerufen hatte, als diese aufgestanden war, und sah, dass das Bett ihres Mannes die ganze Nacht unbenutzt geblieben war. Sie wusste ja, dass er sie betrog. Aber dass er über Nacht nicht nach Hause kam, das war bisher nicht vorgekommen. Sie freute sich auf ihre Tochter und legte auf. Ja, sie freute sich sogar sehr, dass sie gleich mit Antje alleine würde reden können. Sie wollte ihr das rosa Tüllkleid zeigen, an dem sie über Wochen heimlich gearbeitet hatte, bis es genauso war, wie es jetzt war. Einfach perfekt.

Als Antje zu Hause ankam, war Marion ganz aufgeregt. Das Kind verstand nicht, was mit seiner Mutter los war. Antje wollte doch bald wieder los, um bei den Spielen beim Germania Sportplatz zuzusehen. Sie wollte in ihr Zimmer, um noch ein wenig im Kicker zu lesen. Doch ihre Mutter hielt sie am Arm fest, als sie in ihr Zimmer gehen wollte. Ich möchte dir etwas zeigen, sagte sie. Ich habe etwas für dich. Antje war natürlich neugierig. So wie Kinder nun einmal auf alles neugierig sind, was ihnen ein wenig Abwechslung versprach.

Doch als ihre Mutter sie dann in das kleine Nähzimmer entführte und ihr das rosa Kleid zeigte, da hatte Antje zunächst gestutzt. Dann hatte sie laut gelacht. So lange, bis ihrer Mutter die Hände wehtaten, während sie das rosa Kleid auf den Mund ihrer Tochter drückte, damit sie endlich still war.

ENDE

Nachwort

Ich bedanke mich an dieser Stelle bei Frank Ammermann, Trainer der Mädchensparte beim SC 04 Leer e.V., dafür, dass ich meinen fiktiven Fall in dem Verein ansiedeln durfte.

Antje, das Mädchen, das in dieser Mannschaft spielte, und ihr trauriges Schicksal sind natürlich frei erfunden.

Zur Autorin

Moa Graven: »Ich habe erst mit fünfzig meine idenschaft für das subtile Verbrechen entdeckt.«

Als gebürtige Ostfriesin kam Moa Graven durch Umwege über den Journalismus selber zum Krimi-Schreiben. Das war im Jahr 2013, als sie ihren ersten Krimi »Mörderischer Kaufrausch« mit Ermittler Jochen Guntram als Fortsetzung in einem Monatsmagazin veröffentlichte. Seither hat sie viele Leichen in Ostfriesland hinterlassen. Sie arbeitet mittlerweile an drei Krimi-Reihen in Ostfriesland mit Kommissar Guntram in Leer, Jan Krömer in Aurich und Eva Sturm auf Langeoog! Seit August 2016 gibt es auch eine Friesland Krimi-Reihe mit Joachim Stein, den alle nur „Der Adler" nennen.

Besuchen Sie mich gerne unter www.moa-graven.de.

NEU: Die Ostfrieslandkrimis APP von Moa Graven zum kostenlosen Download. Probieren Sie es aus!

Die Kommissar Guntram Krimi-Reihe im Überblick

Mörderischer Kaufrausch - Band 01
Mord im Gebüsch - Band 02
Mordsgeschäfte - Band 03
Das Meer schweigt ... - Band 04
Märchenhafte Morde - Band 05
Hinter verschlossenen Türen - Band 06
Teezeit - Band 07
Wer erschoss den Weihnachtsmann? - Band 08
Hannah – Vergessene Gräber - Band 09
297 Tage - Band 10
Tod einer Prinzessin - Band 11
Die im Dunkeln bleiben - Band 12

Alle Bücher sind als eBook und Taschenbuch erhältlich!

Die weiteren Krimi-Reihen von Moa Graven

Eva Sturm ermittelt

Verliebt ... Verlobt ... Verdächtig - *Band 01*
Justitias Schwäche - *Band 02*
Bitterer Todesengel - *Band 03*
Blaues Blut - *Band 04*
Stille Angst - *Band 05 (hierbei handelt es sich um ein Overcross-Special mit den drei Ermittlerteams von Moa Graven, die einen Fall auf Borkum lösen)*
Schiffbruch - *Band 06*
Auf dich wartet der Tod - *Band 07*
7 Tage Regen – *Band 08*
Wenn es Abend wird, mein Schatz ... – *Band 09*
Stirb leise ... – *Band 10*
Der letzte Tanz - Band 11
Und alle haben geschwiegen - Band 12

Profiler Jan Krömer Krimi-Reihe

KillerFEE – Band 01
Todesspiel am Großen Meer – Band 02
Kneipenkinder – Band 03
Fallensteller - Band 04
Flächenbrand – Band 05
Blindgänger – Band 06
Fremder - Band 07
Die Puppenstube - Band 08
H.E.A.T.H.E.R - Band 09

Der Adler Krimi-Reihe

Der Adler – LaLeLu ... und tot bist du - Band 01
Der Adler - KALT - Band 02
Der Adler - Nebel - Band 03
Der Adler - Lebenslänglich - Band 04
Der Adler - Der Nachbar - Band 05

Alle Bücher sind als Taschenbuch oder eBook erhältlich!

www.ingramcontent.com/pod-product-compliance
Lightning Source LLC
Chambersburg PA
CBHW032032040426
42449CB00007B/869